見えざる御手に導かれて

―生かされて　救われて―

巻頭にあたり　―ひとことふたこと

金光教全国学生会ＯＢ会相談役　福嶋義次

老齢になって、一層感じるようになったことがある。それは次のようなことである。

生かされてきた人生の起伏には、人それぞれ独自のストーリーがある。生きた時代状況の違い、生まれた国や地域、家庭環境の差、受けた教育、携わった仕事、その過程で関係した人々との絡み合いなどなど、誰一人、ストーリーを同じくする人はない、ということ。あたりまえのことといえば、あたりまえのことであろう。

金光大神さまが百五十年ばかり昔、「金光大神覚書」、「お知らせ事覚帳」に描き出されたストーリーは、日常のご生活、ご信心の過程、その内容などあまりにも違いすぎて、今の私たちには倣いたくても、誰も倣えるものではない。

昭和、平成から令和へと、同じ時代を生き、同じ本教の信仰を頂いているとは言え、本書「みち」シリーズ⑬『見えざる御手に導かれて』の著者姫野師が、描き上げた人生の起伏と、私が、『金光教教典物語』（みちシリーズ⑪）で描き出した人生の起伏は、その景色は全く違うものとなっている。また言うまでもなく本書をこれから読もうとする読者それぞれの人生の軌跡・足跡とも重なり合うことはない。

○

このように、私たちは、それぞれ歩んできた軌跡が違うということが分かりながら、金光大神さまの描かれたストーリーから、教えとなる人生の道筋を見出し、自身の命の糧とさせてもらえるのは、どうしてなのか。本書の著者が必死に伝えたいと描くストーリーに共感し、感嘆する、そのような不思議なことが可能となるのは、どうしてなのであろうか。

どのように違うといっても、読みすすめるなかで、畏敬の念や、共感するところ、命のかけがえのない糧となることが多々受け取れてくるのは、違うというさまざまな具体の根底に滔々とした地下水脈のような流れ、広大な筋書きが蠢いて働く。その働きに気付く人もあり、生涯気付かない人もあるにしても、その蠢きに、金光大神さまも、本書の著者も、私も、そして読者一人一人も載せられ、生かされているからではないだろうか。

○

金光教から離れようとする遠心力に動かされていた学生時代のある日、田舎者で東も西もわからない大都会の中で、古本屋へと向かっているのに、不思議と金光教の教会に辿り着くこととなった経験を、著者は「私の人生が百八十度大きく回転し展開することになろうとは夢想だにしなかった広大無辺、人知の計り及ばざる神さまの御神慮、おはからいである」と振り返らすこととなった見えない働きがある。

さらに、難儀、苦悩、迷いなどの中、幾度かの不思議な体験を経験されて、いざ振り返ってみると、「何一つとして自分の力でなし得たものはない」それに気付かず、長い道のりを遠回りしながらではあったが、「改めて神さまにお詫びし、お礼を申し上げることが、少しでも出来るようになった」どうしてそうなったか「不思議なほどである」と、著者に描かしめた滔々とした地下水脈の働き、その働きこそが、相互に全く交わりようもない、私ども一人一人の人生のストーリーとして顕わになるのではないか。

○

半世紀余り前、金光教の全国学生会協議会草創期から、本書著者の姫野師から私は何かと刺激を受けてきた。私が研究所で奉職させてもらっていた昭和五十二年（一九七七）の紀要論文検討会に検討者として初めて研究所へ来所くださって以来、度々、師の教学への貴重なご意見を賜ってきた。私の教学研究所所長就任の翌年（昭和五十七年・一九八二）に、研究所嘱託（一九八二〜二〇一四）を師にお願いすることとなった。それ以来、師から教学研究の基本となる、方法論や視座の確認など、貴重なご示唆を数々頂いたことは、どれほど、ありがたかったことか、と振り返らされる。

　私が所長を辞した翌年、平成六年（一九九四）の第三十三回教学研究会での研究発表「神性開示について」にはじまって、教学研究会での著者の研究発表は、令和元年（二〇一九）の第五十八回教学研究会での発表「立教神伝解釈―実意丁寧神信心再論―」に至るまで、十五回にも及んでいる。後年はほぼ毎回研究発表されていた。令和元年には、八十七歳になっておられた。畏敬の念あるのみである。

　長年にわたる本教教学への師の学問的寄与は、計り知れぬものがあるであろう。著者がはじめにと後記に紹介されているご著書『あさの雫』一～三巻は研究発表のごく後期のもので、師の教学の全体像が伺える書物がいつの日か、出版されることを願う。

（金光教北堀教会長）

目次

はじめに

現在、金光教全国学生会ＯＢ会が、出版を継続している「みちシリーズ」は、令和三年を以て第一二号を数えています。

この「みちシリーズ」の刊行を最初に提案したのは、故坂本忠次岡山大学名誉教授であったように記憶しています。

全国学生会ＯＢ会で、「金光大学」設立の気運が高まり、その資金の募集を開始した折しも、関西金光学園を母体として、赤穂市に関西福祉大学の設立が決定されました。これによって、本教大学の設立という悲願が、一応達成されたという理由によって、この募金活動も停止されました。

しかし、その集まった資金をどのように有効活用したらよいかという案件について、坂本さんから、内々に「みちシリーズ」の出版ということでどうであろうか、という相談がありました。その時、せめて一〇号位までは刊行し続けたい。

その頃には、この資金も枯渇するかも知れない。それまで何としてでも頑張りたい、というような話もしたのである。

そして、彼は、私にも是非共執筆することを要請し、私もその要望に応えるべく、原稿を書き上げたのであるが、彼に手渡す直前に、彼は突如、あの世に旅立ってしまったのである。（その原稿は、探せば何処かにあるはずです）。

彼が亡くなってから、もうかれこれ十三年になるであろうか。何でも話し合える忌憚のないポン友を喪失した悲しみは、今もなお癒されることはない。

その後、「みちシリーズ」として発行され続ける貴重な御本を拝見する度に、このような人の心を深く激しく感動せしめる信仰の著作は、私には、到底、不可能である、といつも感心いたしておりました。

ところが、はからずも、この度、このような不信心者に、福嶋義次先生のご推薦によって、相賀正実先生（用吉教会）から、拙著「あさの雫㈢」の「はじめに」の部分を内容的にもう少し膨らませて、「みちシリーズ」として出版してみてはどうか、との打診を受けました。

最初は、どうしようかと考えましたが、坂本さんとの約束を思い出し、このような信仰的にも理論的にも誠に稚拙な代物でも、何らかのお役に立てるのならばと厚かましくもお引き受けすることにいたしました。

増補部分は、本文の最初の方に掲載されている、私の幼少の頃から高校生の頃までの神様から助けて頂いた誠に不思議な、それこそ奇跡とでも呼ぶべき四つの「おかげ」の物語です。どうしてこのような不思議な出来事が我が身の上に起ったのか。時々刻々の生命そのものが神様のおかげそのものなのですが、その日常生活のなかでも、死からの甦り、九死に一生という新たな命の神様からの尊い何度もの贈り物に、心身を震わせ、感泣し咽びながら御神前に額づくばかりの、私の絶対に忘却してはならない記憶であり、記録でもあるのです。

ご一読下されば幸甚この上もなき事と存じます。

令和四年（二〇二二）八月八日（九〇才の誕生日）記

顧り見ますれば、平成三十年（二〇一八）十一月に、『あさの雫』を発行し、引き続き、令和二年（二〇二〇）十月には、米寿（八十八才）を記念して『続あさの雫』を刊行させて頂くことができました。さらにまた、卒寿（九〇才）を迎える令和三年（二〇二一）三月に、このような『あさの雫㈢』を上梓することができましたことは、何と神様に御礼を申し上げてよいか、その言の葉を知らず、唯々、神前に額づくばかりでございます。

全くもって浅学非才、限りなく無信心者の私、しかも癌などの健康上の問題も抱え、刻々がいつどうなるかわからない命との闘いのなかでも、心身のおかげを頂き、このようにして執筆、出版させて頂くことができましたことにつき、ひたすら心底より深く神様に御礼を申し上げるばかりでございます。

四つの命の甦り

（その一）

私は、これまで何度も何度も死んでいたところを、神様のおかげによって救い助けられて来ております。そして、それは両親の手厚い信仰の賜物でもあるのです。

父の実家は、大分市田ノ浦という処で、そこは別府湾に沿った別大国道と平行して走る電車（今は廃線になっております）の田ノ浦駅から、高崎山の峰々に連なる急峻な山道を三〇分ばかり登り切った、小台地の一番奥の大きな藁葺き屋根の農家です。

主として、枇杷、蜜柑、トマトを栽培しており、裏山には、初夏にはビワが、そして冬にはミカンがたわわに実ります。夏は、岩清水が流れる畑は、一面トマトの黄色の花盛りとなります。庭では、鶏が遊び、家畜小屋からは牛や馬の鳴き声も聞こえます。座敷から見下す別府湾の眺望は実にすばらしく、特に朝夕の刻々と移り変る風景は、いつまで見ていても飽きるということはありません。父は、そこの六人兄弟の末っ子で、我儘一杯に育てられたということです。

母の実家は、別府市朝見という処で、高瀬屋という雑貨屋を営んでいました。日常の生活必需品なら大抵は揃う割と大きな商店です。商売は順調で、数軒の貸家、土地などを所有しておりました。母は、そこの四人兄弟の長女です。

両家とも別府教会の篤信家で総代などの御用にも熱心でした。当時の厚狭教会はお参りは多かったのですが、経済的には決して裕福ではありませんでした。その理由は御献費は、そのまま別府教会にお供えし、お賽銭だけが生活費であり、その中から、教会が借家であり、新築を願っていた父がコツコツと貯金していた、ということもその一因です。

見かねた祖母は、よく厚狭教会にやって来ました。御献費の外に、母にコッソリお金を渡し、私達子供には、下着や洋服など沢山のお土産を持参して来ました。

私達は、父から何かを買って貰ったという記憶がありません。

ある時、祖母は、娘や孫可愛さに、いつもの通り沢山のお土産を持参しました。父は、これが勘にさわったのか、祖母もろとも家族全員を家から追い出しました。みんなで橋の下に行き丸くなっていました。このようなことは日常茶飯事のことでした。

後々、私が高校生の頃、商売を継いでいる叔父（母の弟）からつぎのようなことを聞かされたことがあります。それは、お前の姉さんが、もし離婚し、子供達三人を連れて別府に帰って来た時、貸家の一軒に住まわせ、生涯、生活の面倒を見てくれるか、ということでした。叔父は心よく祖母にそのことを約束したということです。

私は、旧制中学三年生の頃か、父が訳もなく子供たちを叩き、さらに母にまで手を挙げたことが絶対に許すことが出来ず、怒りが頂点に達し、母に離婚して、みんなで別府に帰ろうと言ったことがありました。生活は、僕が新聞配達でも何でもして、お母さん達を護るから、と何度も口説きました。がしかし、母は、一瞬、悲しげに、別府の叔父さん達に、もうこれ以上ご迷惑をおかけすることはできません。私は、ここで、お父さんと一緒に神様と教会のために命を捧げます、と凛とした声で言い、そして、お前は、お父さんの悪口を言ってはいけませんよ。お前のお父さんなのだから、と私を優しく抱きしめました。

話を少し元に戻して、祖母は、心配のあまり、その後もちょいちょい教会に顔を出してくれました。

ある年の夏（私はまだ小学校入学前でしたが）、子供達三人を連れて別府に行く話が出ました。姉は学校のことがあり、弟は病気で寝ていました。結局、私一人が祖母に付いて行くことになり、弟は、ワーワー泣いて口惜しがりました。

叔父の家は子供が多く、その従兄弟も丁度夏休みで、一緒に海水浴に行きアイスクリームを舐め、店の前の通りを埋めつくす盆踊りの輪の中で、何をしようと誰も叱る人もなく、まるで龍宮城に招かれた浦島太郎のような楽しくも嬉しい毎日でした。いつも父親の顔色を伺い、ビクビクする我家との大きな違いにびっくりすると同時に、本当にいつも明るく和やかに楽しく暮せる従兄弟達が羨しくもありました。

酷暑のある日、いつもの通り、従兄弟達と海から疲れて帰って来た私は、その日の夕方から高熱を発し、ゼイゼイと喉が鳴り、息をするのも苦しく、医師が往診したところ、急性肺炎という診断が下されました。

当時はこれといった特効薬もなく、私は、御神米を額に貼られ、練った芥子をガーゼに塗りつけ、それを胸部に貼りつけるという民間療法が私に施されたのです。

意識が混濁し朦朧とするなかで、息の出来ない苦しさと、胸を掻きむしる芥子のピリピリする激痛だけが、今でも鮮烈に思い出されます。

フト気がつき薄目を開けると、心配そうに上から覗き込む祖母、叔父、従兄弟達の顔が見えます。後は人事不省、意識不明、昏睡状態となり、私が覚えているのはここまでです。これから先は、私があとから祖母や叔父、父から聞かされた話です。

危篤の電報を受け取った父は、急いでやって来ました。仮死状態の私をマントでくるみ、医師や祖母、叔父達の必死の静止を振り切って、父は私を汽車に乗せました。それは、翌日が月次祭（今の月例祭）を仕えなければならなかったからです。神様の御用は、息子の命に代えられない、と思ったからでしょう。全ての私情を切り捨て、そして何よりも神様のことを第一義とし神様を建て仰ぎ、全て神様にお任せする父の信心姿勢が、私をして死の渕からの生還というおかげを出現せしめた最大の要因があるように思えるのです。

私は列車の中で幽かな小さな声でうわ言のように、「水」、「水」と呟いたそうです。高熱で喉が渇いていたのでしょう。父は駅に着いたら牛乳を買おうと思ったそうですが、当時は、牛乳や駅弁は大きな駅でしか販売しておりません。揺り起されて、冷たい牛乳を飲んだ時のあの生き返ったような美味しさは、今でも忘れられません。その後、再び深い深い眠りの渕に落ち込んだようで、何一つ覚えておりません。牛乳を買った駅が、小倉なのか、門司なのか、あるいは関門連絡船の船中なのか、（当時は、まだ関門トンネルは開通していなかった）全く分かりません。

フト目が覚めました。何とも清清しい、心地よい目覚めです。このような心地よい、さっぱりとした目覚めは生まれて初めてです。今でも、もう一度味わってみたい、と思うほどの爽やかな気持のよい目覚めです。死からの甦りとは、このようなすがすがしくもさわやかな、そして最高に素晴らしく素敵な目覚めなのかも知れません。

私は、一体、何時間人事不省、昏睡状態に陥っていたのでしょうか。海水浴から帰った夕方から発熱、意識不明。父が私を普通列車で連れ帰ったのが早くても翌日の夕方。そして、次の日の午後一時から仕えられた月次祭の最中の何とも素晴らしくも、清々しい目覚め。おそらく、これは丸二日近い四十三〜四十四時間位の昏睡状態ではないでしょうか。
私は、床から起き上がり、庭に出て、棒切れで地面に絵を画いて遊んでいました。庭に面したお広前からは月次祭の信者さん達の大祓詞の声が響いています。父は、月次祭が終ったら、私の葬儀を出さなければならない、と覚悟を決めていたようです。誠に不思議な神様のお働きとしか言いようのない、私の死からの生還のおかげなのです。
翌年の夏、また別府に行きました。祖母が、向側にある病院に連れて行きました。私が、助けられたお礼のつもりでしょう。医師は、「ああ、あの時の坊ちゃんですか、私は到底、助かる見込みはないと思っていました。よく助かったね」、と頭を撫でてくれました。これは、私の小学校入学前のお話です。

(その二)

次は第二話、私が小学校六年生の時の話です。

当時の日本は、第二次世界大戦の雌雄を決する重大な時期にありました。ミッドウェー海戦に続く、昭和十七年（一九四二）八月のソロモン諸島のガダルカナル海戦では、無敵と世界に誇った日本帝国海軍連合艦隊は、空母を含む多くの艦船が撃沈され、大きく戦力を奪われた日本の敗色は、これを境に決定的となりました。

戦局は大きく悪化し、北方ではアッツ島玉砕、南方では硫黄島などの玉砕が続きます。それでも大本営発表では、日本の大勝利というフェイクニュースを流し続け、国民を騙し続けようとしました。日本最初の国内戦と言われた沖縄が、膨大かつ悲痛な犠牲と流血によって占領され、つぎは、いよいよ本土決戦ということが現実化しつつあった頃の話です。

帝都空襲が始まり宇部や下関にも爆弾、焼夷弾が投下され、各家庭では防空壕が掘られ、私方にも、新築途中の教会も類焼を防ぐための強制的解体という話も聞こえて来ます。

学校では、天長節などで、奉安殿から昭和天皇、皇后両陛下の御眞影が、白手袋、モーニング姿の校長の手によってうやうやしく講堂に安置され、全校生徒が君が代を斉唱し、校長の厳かに奉読する教育勅語を頭を垂れて拝聴するのです。

朝には厚狭駅頭で出徒兵士を「露営の歌」を歌い日の丸の小旗を振り歓呼の声とともに見送り、そしてまた、夕べには故郷に無言で帰宅する英霊を整列してお迎えするのが慣例でした。

開戦の十二月八日には、霜が降っている寒い朝でも、全生徒が小高い山の麓にある護国神社に長い列を作って詣で、兵士の武運長久と日本の必勝祈願を念ずるのです。

小学校四・五年のある日の事、友達が牛の屠殺場に行ってみないかと誘いました。私は嫌で最初は断ったのですが、あまりにしつこく誘うので止むなく付いて行くことにしました。一人では絶対に行かない処です。厚狭の街から遠く離れた、舟木という町との境界線の西見峠に近い荒れ果てた広い原野の一番奥で、その近くには、厚狭の火葬場もありました。火葬場といっても、今のような立派な建物などではなく、全くの露天です。原野に穴を掘って薪を積み上げ、焼却する場に過ぎなかったのです。付近は墓地で沢山の墓石が建ち並んでいます。誠に淋しげな処です。

ぬかるんだ一本の細道を辿ったその先に、その屠殺小屋があり、あたり一面に牛か馬の大きな骨が散らばり、水溜りには血が浮かんでいます。夕暮れ時でしたが、一頭の牛が曳きずられてやって来ました。その小屋に近づくと牛は四脚を力一杯突っぱり、どのように綱を引っぱっても動こうとはしません。唯、モーと悲しげに鳴声を上げるばかりです。牛も自分の運命を察知したのでしょう。私は、友人を残して、その場から走って逃げ帰りました。

一銭五厘の切手を貼った一枚の赤紙（招集令状）が、国家権力によって個人の意志を無視し、戦場に引きずり出すという理不尽さが、この牛の屠殺場への無理やりの曳きずりと重なり、その夜はなかなか寝つけませんでした。

そこの原野の一部が敗戦直前、グライダー練習場として整備され、私達旧制中学生の訓練が開始されたのですが、戦後は、そこは広い住宅地と化しました。今でも地中からは骨が出てくるということで、私の高校時代の友人はとうとう引っ越していきました。

教室では、日本はこの戦争に負けるという派（少数派）とそれに反対する派が対抗し、時折、激しい口論や喧嘩が起りました。私は黙って、それを見ていました。日本の戦勝を信じて止まない派は、俺はもうすぐ陸士が海兵に入学するのだ。それが駄目なら、特攻隊に志願し、陛下と国に殉ずるのだと威勢のよいことばかり言っていました。

私は、体が丈夫でなかったこともあり、汚れた手拭いを腰にぶら下げた、白線の着いた弊衣破帽、高下駄をはいたマント姿の旧制高校生に憧れていました。

母を残して、戦場で死ぬということは絶対に嫌で、どのようにしたら、徴兵検査を逃れることができるか、そのことばかりを考えていました。ある友人が、嘘か真か、検査の前の晩、醤油を沢山飲むと高熱を発し、徴兵を免れることができる、という話をし、私は真剣にそのことを考えました。またある友人は俺は山に逃げると言いましたが、別の友人がまたつぎのように言いました。

厚狭の街の酢屋の一人息子が、兵舎から脱走し山に逃げ込んだのですが、憲兵隊によってすぐ逮捕され、銃殺刑に処され、その遺骨箱は憲兵隊が足蹴りにした、と。脱走は、国賊、非国民、そしてこの上もなく陛下に対する不忠者として、その見せしめのためであったのでしょう。

その酢屋の年老いた両親は、天皇制軍国主義をもって、絶対的な価値体系と見なす、世間の冷たい視線に耐えきれず、店を閉じ、行方不明となったという由。事実かどうか分かりませんが、その酢屋は、(私も何度かお使いに行ったことがありますが)、鍵がかけられたまま、いつの間にか消滅していました。

もし、これが事実であるとするならば、神から授けられた人間の心を変質させ、かくも残虐きわまりなき行為を平然としてなさしめ恬淡として恥じない人間性の喪失こそが、戦争が惹起せしめたものとして、戦争がますます嫌になると同時に、その恐ろしさに身が震えるばかりでした。私は酢屋の年老いた両親のような惨めな思いを、私の両親には絶対にさせたくないと思う反面、やはり戦争には行きたくない、と思いました。

男子二クラス（一クラスは六十人位、その他に女子二クラス）という厚狭小学校（当時は国民学校という名称でした）では、小学四年生頃から男子は、出征兵士の農家の手伝いに行かされました。春は広々した水田での田植え、秋は重く穂を垂れた稲刈のお手伝い等々。

戦争も激化し食糧難の折しも、学校では、テニスコート、運動場を掘り起し、薩摩芋を植えさせられました。全校生徒が近くの裏山に入り各自袋一杯に落葉をかき集め、それを牛馬の糞とまぜ発酵堆肥も作ります。

六年生になると、美祢線の厚狭駅から一つ目の日本海寄りの湯ノ峠駅よりさらに奥山での炭焼きと薪や柴収集の作業が加わります。

地元の人々が、切り揃えた樫や椚の木を、いくつかの炭焼釜に丁寧に詰める作業の手伝いです。切り倒した場所から、一人一本づつ担ぎ釜まで運ぶのです。きちんと並べ終えると、周囲を粘土で固め焚口から昼夜の別なく、三日三晩ほど薪をくべ、熱が冷めたところで蒸し上がった木炭を取り出すのです。出来上った炭は、叩けば、カンカンと澄んだ高音が鳴り響きます。

お手伝い賃として貰ったその炭や薪、柴を、大八車に積んで、片道十二～三km位の山坂道を辿り学校まで運ぶのです。その木炭は、校長室と職員室にある大きな火鉢で赤々と熾され部屋を暖めたり、また薪や柴は、宿直教員のためのかまどや風呂の燃料となるのです。教室には、今と違ってエアコンなどなく、その薪炭は、教室の暖房には全く使用されません。

生徒をこのような形で、いろいろと使役することは、当時は当たり前のことで、今日では全く考えられない、国民総動員の号令一下の重要な学校行事の一環であったわけです。

私達六年生男子は、昼食（主として焼芋）をすませ、秘密の基地に出かけます。そこは炭焼小屋から少し離れた、雑木林に一面に被われた小高い山と山との谷間で、そこには長さが約一〇〇m、急な処は傾斜度が四十五度位、それになだらかな斜面が交互に続く、幅一m、深さ三〇cm位の小さな浅い凹地がありました。そこは、雨が降れば、その水が谷川となって、厚狭川に流れ落ちる場所で、そのためか、落ち葉や土はきれいに流され、スベスベした岩盤が所々光って見えます。雨が降らない日は、そこは涸れているのです。

傾斜度が四十五度位ある急な凹地は、歩いても四つ這いになっても、とても登れるものではありません。そこで級友達は蔦かずらを切り出し、それを結び合わせて一〇〇m以上の綱を作り、一番上の木々に結わえ付け、それを鎖代わりにして順番に、小さい浅い険しい谷を登るのです。

その頂上は一寸した台地で、そこから尻に大きな柴を敷き背を寝そべらせ、木漏れ陽を浴びながら、滑り落ちるのです。まさに直滑降にはもってこいの天然の立派な滑り台です。

　両足を拡げてブレーキ代りに使います。あまりスピードを出しすぎて危険な時には、谷の所々に、谷の両側の細い立木を結びつけた木の輪に両手で掴まり、停止するのです。

　子供というものは、このような戦時下で何ら楽しみもない中でも、何かしらスリルに満ちた面白い遊び方を見つけ出すものです。

　皆んな歓声を上げながら次々と滑って来ます。私はこれを下から見つめるだけです。弱虫で臆病、用心深い私は、決して一緒に滑ろうとはしませんでした。が、あまりにも楽しげな級友達の顔色や歓声を聞くうちに、一度、滑ってみようと思い、一番後ろから、その蔦かずらを握りしめ慎重に一歩一歩登っていきました。

　頂上に近づき私の先を登っていた友人が、その蔦かずらを思い切り引っ張り一気に頂上に駆け上りました。その瞬間、その蔦かずらが切れ、私はもんどり打って、後頭から後ろ回りにまるで大きなボールのように転がり始めたのです。コマネズミのように高速で回転し転がり続ける私は、目が回り吐き気がし、フト私はこれから一体どうなるのだろうか、と思いました。

一番目の岩に背中がぶつっかかり、一旦は停止しかかったのですが、弾みがついているものですから、また転がり始めました。二番目の岩にこれまた背中がぶつっかり、やっと停止することができました。私は一瞬、気絶していました。級友達が駆けつけ、助け起されましたが、まだ目まいがし立つことも叶わず体中に激痛が走ります。特に背中は二度も岩に激しくたたきつけられたため呻き声が漏れるばかりです。しかし、もしこれが背中ではなく頭であったならば、脳挫傷で私は、そこで命を落としていたことでしょう。

級友達は、このことは担任教師には、絶対に内密にしよう、と約束し合いました。（教師は薄々は知っていたかも知れませんが、何も言いませんでした）。私は、もちろん、両親にも何もシャベってはおりません。

さらには、この二番目の岩で停止しなかったならば、回転し続けていた私の体は、厚狭川に飛び込み、そこに屹立している大小の岩々によって粉砕され、私は、山深い谷川の側で、短い命を終えていたことでしょう。

何と神様は、この時も私を九死一生のおかげを授けて下さったのです。誠に不思議としか言いようのない奇跡的な神様からのすばらしい私への新しい命の賜り物であったのです。


(その三)


つぎは、旧制中学二年生頃の話です。

厚狭駅から下関方面(下り)二つ目の小月駅(正確には一つ目の埴生駅との中間)に、戦争中は海軍の飛行場がありました。(現在は海上自衛隊小月基地、ここには小月教育隊(三年過程)があり、飛行訓練をしており、私は二、三年、非常勤講師として、「経済学」を教えたことがあります)。

戦争中は、八幡製鉄所など北九州工業地帯や下関の要塞を、グラマン戦闘機や

Ｂ29の空襲から守るため、この飛行場から戦闘機が飛び立ち、空中戦の様子が厚狭の地からも望見されたものです。

終戦直後、この飛行場を徴収するために、進駐軍が駐屯して来ました。それが戦塵にまみれた乱暴者のオーストラリア軍だったのです。

空襲で破壊された滑走路や兵舎の修復、補修のための勤労奉仕が各町内に割り当てられました。当時の進駐軍の権威・命令は、敗戦国にとって絶対的なもので誰も逆らえません。

私の処は、父の命によって父の代りに、私が出ることになりました。飛行場は、埴生駅と小月駅の中間にあるため、徒歩では時間のかかる処です。オーストラリア兵が十輪車の軍用大型トラックで埴生駅まで迎えに来ます。これに乗らなければ大変なことになります。

埴生駅に降り立った各地からの奉仕団は、皆、我先にとこの十輪車に飛びつきます。しかし、その十輪車の荷台は大きく高く、大人でも簡単に飛び乗ることは出来ません。蟻のように群がり、押し合いへし合い蛙のように必死でしがみつくだけです。それを運転席から見ていた豪軍兵士は、笑いながら車を急にバックさせるのです。皆、バタバタところげ落ち危うく十輪車の下敷きになりそうです。あわてふためき逃げまどう、その面白さを見るために何度でもそれを繰り返します。もうしないだろうと思うと、またやるのです。まさに人間をオモチャにした絶対に許し難い殺人行為です。私は何回目かの時に、しがみついていた荷台から振り落とされました。私は十輪車がバックする方向と直角の位置にころがり落ちたのです。後、二、三秒で、私の胴体の上を十輪車が通過します。横を向くと目の前に大きな十輪車のこれまた大きなタイヤが、私の胴体めがけて突進して来ています。ああ、もう駄目か、これで死ぬのかな、とフト思いました。案外に冷静だったと思います。

その瞬間、実に不思議なことですが、腰を回転軸として、私の体が、十輪車のバックする方向と平行に九十度回転していたのです。十輪車の大きなタイヤが、私の体スレスレに通過していきました。周囲に居た奉仕団の悲鳴が耳に届きました。無意識のうちに私の体は、タイヤと平行線に回転したものの、左足だけが残りました。左足が地面にピッタリと接していたため、その左足の甲の上を重く大きなタイヤが次々と通過して行きました。周りの人々によって助け起こされ、ようやくにして荷台に乗ることが出来ました。がしかし、満員電車のように鮨詰めにされ、立ったまま揺られ続ける私の左足は、もはや全くその感覚を失っていました。そのうち足が段々と腫れはじめ、激痛が走ります。十輪車が、私を押し倒した時、私の左足は、地面とピッタリ水平に接していたため、大きなタイヤは私の足の甲を通過したのですが、もしこれが、地面と私の足の甲が直角であったとするならば、私の足はペチャンコに潰れ、骨は粉々に砕け、私の足は踝あたりで切断され、隻脚という誠に不便な生活を余儀なくされていたことでしょう。

飛行場に到着し、痛む左足を引きずりながら、右足一本でシャベルで土を掘り起し、鍬でその地を水平に均し作業を終え、やっとの思いで我家に辿り着きました。帰宅後、自分で包帯を巻いているところへ、どうしたのか、と兄弟が心配そうに聞いてきます。私は、両親に心配かけないため、いや、一寸、怪我をしただけと嘘をつき通しました。

中学へは杖を着きながら、途中休み休みの通学が三ヶ月ばかり続きました。今でも左足の指が思うように動きません。これは恐らく骨折した骨が曲がったまま癒着したものと想像しています。

十輪車の大きなタイヤが、私の胴体めがけて突進してくる瞬間が瞼に動画のように、今でも浮かんで来ます。この時も私は死んでいたのです。それが神様によって救い助けられての今日の命であるということを、決して忘却してはならないと決意することの一つなのです。

(その四)

四番目は、私の高校二、三年頃の話です。

私の父は別府教会で、死んでいたはずの命を救い助けられるという大変なおかげを受けました。父の母と長兄が毎日早朝に別大国道を別府教会まで走ってお参りし、父の病気平癒を祈願したということです。九死に一生を得た父は、教会修行生となり、厳しい修行に耐え、教会布教に出させてもらいました。

昭和九・十年に金光教を大きく揺がす大事件が起こります。金光家邦管長派と三代金光様派との衝突です。別府教会長宮本嘉一郎師は、家邦管長派の重鎮であり、このため別府教会の多くの出社教師間にも激震が走り、管長派と三代金光様の御取次を以てこの道の本質とする派との分裂です。忠ならんと欲すれば孝ならず、孝ならんと欲すれば忠ならず、ということで、父も随分と悩んだようです。三代金光様の御取次こそが道の本質であるという立場に賛同すれば、恩師を裏切ることになるからです。三代金光様を戴こうとする人達と一緒に、師匠に諫言しようとしたところ、師の逆鱗に触れ、子息宮本彌太郎師は親子の縁を切られ、父ともども破門となったわけです。

この事件は、教師だけではなく、教信徒にも大きな影響を与えました。姫野・安藤両家など、三代金光様の御取次を以て道の本質と断ずる人々は、別府教会を去っていきました。しかし、そうなると、お参りする教会がありません。父の長兄や母の弟達を中心とする人々が資金を募り、新たに泉都教会のおかげを頂き、そこにお参りしていました。しかし、その泉都教会もある事情によって消滅し、またもや信者達はその信仰の拠り所を失ったのです。再度、有志が集まり、次にお参りすることにしたのが、今の泉田教会だそうです。

このような事情があってかどうか、父は、姫野家の霊祭は、厚狭教会で仕えていました。ある年の霊祭奉仕後、直会の席も和やかに終り、大分からわざわざお参り下さった姫野家の人々、五、六名を、土産袋を持った私が、厚狭駅までお送りすることになりました。

ホームに着いてもなかなか下りの電車が来ません。電車が来ているかどうか確認しようとしても、厚狭駅から上り方面の線路が大きく右にカーブし、立ち並ぶ家や木でその先が見通せません。私は、下りホームとは反対側の上りホームから、ホームの端に立って、線路側に身を乗り出しながら、上り方面を見ようとしました。これならば、下り電車がやって来るのがある程度見えるわけです。

が、その時、何か異様な気配、雰囲気に気づき、フト後（下り方面）を振り向くと、そこには、何と、真黒な鉄の機関車が、長い貨物車輌を引っぱりながら、音もなく近づいていたのです。厚狭駅通過の上り貨物列車です。大きな鉄の塊の機関車が音もなく接近するということがあるものです。私には何の音も聞こえませんでした。

瞬間的に、弓のようにそり反った身体を、線路側からホームの方へかがめました。その瞬間、黒い鉄の塊は、私の体スレスレに轟音を立てて通り過ぎました。私は、その風圧で、ホームの中程まで吹っ飛ばされていました。間一髪とは、まさにこのことです。黒い鉄の塊の音もなき近接の気付きが、間一髪でも遅れていたならば、私の頭はその鉄の塊によって、これまた粉々に打ち砕かれ、その肉片は四方八方にとび散っていたことでしょう。髪の毛一本の差が、私の命を救ったのです。今、考えてもゾットします。

神様を見失い、金光教からの遠くへの飛び去り

神様は、一度ならず四度も私の命を救い助けて下さっているのです。このような、まさに奇跡としか言いようのない神様のおかげ、その有難さに鳴咽しながらも、時の経過とともに、身に沁みていたはずのその広大無辺な御神恩を忘れ、御礼の言葉ばかりが発せられなければならないはずの私の口からは、学問をすればするほど、何の役にも立たない屁理屈ばかりが、飛び出す状態に段々と変化しはじめたのです。

㈠急性肺炎の時の息の出来ないあの苦しさ、そして芥子シップのピリピリする激痛。㈡急峻な坂道を高速で回転するボールのように転がり落ちる意識の中で、

ああ、私はこれから、一体どのようになるのであろうか、という恐怖感。㈢転んだ私の胴体めがけて突進して来た、進駐軍の十輪車軍用トラックの大型タイヤ。㈣線路側に大きく弓なりにのけぞっていた私の頭スレスレに轟音を立てて走り去った、大きな鉄の塊の機関車などが、大映しのスクリーンにフラッシュバックする残映が、私の頭の中に浮かぶ度毎に、ああ、私は、一度ならず、四度も死んでいた。（実は、これ以外にもこれに似たようなことが、沢山私の身の上に起っているのです）神様は、よくもまあ、このような私を救い助けて下さったもの、と心底、真心から御礼申し上げている、その筈でありその積りであった。それにもかかわらず、それは唯形ばかりのことであって、その実体は、その筈でもその積りでもなかったのである。

生まれたばかりの清浄無垢、純真、純朴な、そして神から授けられた和賀心そのものが、信仰によって自分のなかで成育されなければならない筈のところが、実はその反対に、いつのまにか、これまで頂き通しに頂いて来た広大な御神恩から目を背ける自我が大きく成長し、その場所を大きく占拠し拡大しつつあったのです。

私は、学生時代、大学院生時代を通して、段々と神様が分からなくなり、神を疑い、信心からも次第に距離を置くようになりました。

苦学生への道

戦中から戦後にかけての厚狭教会新築、それと重なる戦後の経済的困窮の中でも、私は大学進学への志止み難く、いわゆる苦学生の道を選びました。

上京後は、勉学を続けるためには、まずもって、部屋代、食費代（自炊）、交通費、授業料等を、自分で稼ぎ出さなければなりません。昭和二十七年（一九五二）頃は、戦後七年とはいえ、いまだ地下街には失業者、戦災孤児、復員兵があふれ、焼野原には野宿者たちが、焚火をしながらたむろしていました。外食するにも「外食券」を必要とし、食事もままならず、職探しは困難を極めました。

　当時の厚生省は、その外郭団体として旧皇居の一建物をもって、困窮学生のアルバイト斡旋のための「学徒援護会」を創設し、その救済に当っていました。アルバイトを求める学生達が、連日何百人、時には何千人と押しかけ、数少ない求人を奪い合いました。トラックの上乗り、建設現場の雑用、高層階までのセメント袋運搬、貨車からの石炭の積み下ろし、邸宅の草むしり、犬の散歩（犬は私より美味しいものを沢山食べ、私は曳きずられぱなしであった）、デパートのお中元、お歳暮の自転車配達、会社の年賀状宛名書き、選挙運動員、ビール瓶の箱詰め・運搬、映画のエキストラ等々、その職種を選ぶ余裕など全くありません。当時の日雇い労働者は、「ニコヨン」（日当二四〇円）と呼ばれていました。

　このような社会情勢のなかで、一人の苦学生が、部屋代、食事代、授業料を払うのは容易なことではありません。勉学を続けるためには、毎日重労働をこなさなければならず、またその勉学のための必要欠くべからざる連日のアルバイトのために、逆に大学に通学し勉学に励むことが不可能となります。勉学のためのアルバイト、そのアルバイトのために本来の目的である勉学が不可能となる。本末転倒もよいところで、一体、何のためのアルバイトか全く訳が分からなくなります。

朝から鞄を下げて通学できる学生達が眩しく羨ましく思ったものです。たまに大学に行っても、教科書もなく、友達も出来ません。講義中は後の席で居眠りばかりしていました。それでも何とか進級はできましたものの、とうとう過労と栄養失調で、夜中に微熱が続き、薄々、胸の病ではないかと疑いながらも、医師にかかることもできず、依然として、同じ過酷な生活状態が続きました。いつの間にか、その微熱も出ず、寝汗もかかなくなり、健康を回復していました。実に不思議な事の一つの思い出であります。その後、大学に就職し、X線検査を受けたところ、貴方は、若い頃、肺の病気にかかっていますねと言われ、往時のあの時のことだなと気がつきました。

挫折と再度の上京

だがしかし、無理がたたり、いまだ完治していない身にはアルバイトが出来なくなり、刀折れ矢尽き心身ともに深く傷つき、大きく挫折し、絶望した私は、故郷である「厚狭教会」、父母の元へと悔し涙を呑んで、普通夜行列車の客となりました。母は涙を流し優しく迎え入れてくれましたが、父は弱音を吐く私を、厳しく叱責しました。一銭の仕送りも必要ありません。苦学しながら勉学を続けます、と大口を叩いて上京の許しを得た私の意思薄弱さを問題にしたものでした。これは、父の私への愛情表現であり、私の助かり立ち行きを、神に祈り願う父の切ない言葉であったことが、後になって理解されるのですが、この間のことは長くなりますので省略いたします。

私は再度、発憤し、また普通夜行列車にとび乗りました。

私は、最初に上京した際、住む部屋もなく、同郷の先輩二人が借りていた、板橋の藁屋根の農家の一間に転がり込んだのです。が、そこは六畳一間（トイレ、井戸は庭、風呂はなし、庭で七輪に火を熾し各自が自炊）。私が転がり込んだことで六畳一間は三人暮らし。部屋代は月六千円で、一人宛の広さは畳二畳。一人の部屋代は二千円でした。

そこへ再度、転がり込んだ私の窮状をよく知っていた先輩の一人が、これを見かね、私に無断で、息子さんが苦労しているから、少額でも送金されてはどうか、という手紙を、父宛に送付して来たという事を、後になって姉から聞かされ、親切心からでしょうが、びっくりすると同時に、私としては、両親に心配をかけたくないという一念から、余計なお節介者が、と思ったことを今までも覚えている。父は私への送金よりも、教会新築完成を最重要視しました。家族のすべてを犠牲にしたのです。

やがて、二人とも卒業し、六畳一間、六千円の部屋代に、到底、私は耐えることができません。そこで、道路を挟んだ別の農家の一部屋を借りることにしました。部屋といっても、それは母屋の庇に造られた元は鶏小屋を改造したものです。斜めの屋根はトタン板で、低い方は頭がつっかえます。裸電球が一つ天井からぶら下がり、壁はベニヤ板、小さい窓が一つだけ、畳はなく、ゴザの三畳敷き、押入なし、もちろんトイレ、井戸は庭、洗濯は井戸端でタライ、台所はなし。これで部屋代は月額三千円。当時は山手線が何周回っても十円、都電は往復十五円、ソバ二十五円、ラーメン三十五円、コッペパン十円、藁苞納豆八円、新宿名画座の二本立ての映画四十五円、国立大学の受験料、入学金ともに四百円、その授業料年額三千六百円という時代の話です。

その頃の私の全財産は、布団一組、衣類用の柳行李一つ、数冊の本、それに履き古したズック一足で、机などは全くありません。厳寒の夜などは寒さに震え、酷暑の夏はその蒸し暑さ、そして時には、トタン屋根を打つ激しい雨音で寝てはおれません。

朝早くアルバイトに出かけ、アルバイトがない時は大学で講義を聴き、そして東京教会にお邪魔し、青年会の皆さんと会話するというのが、私の唯一の慰めであり、安らぎであり、日々の生きる支えでした。板橋の部屋は、夜遅く寝に帰るというだけの単なる塒にすぎなかったのです。しかし、それでも宿なしの浮浪者に較べれば雨露の凌げる部屋のあることに御礼を申し上げなければなりません。

労働・社会運動と信仰

戦後の混沌とし激動する当時の社会情勢は、食と職と住を求めての、賃上げ、労働条件の改善という、大きく激しい労働・社会運動の渦が巻き起り、赤旗を振り、鉢巻きを締め、スクラムを組みインターナショナルを合唱し、ストやデモが拡大し全国を揺るがす騒然としていた時期です。

若くて貧しかった私は、この社会変革・革命の夢に同感し共鳴した。貧困とは、一体何か、その原因は、一体どこにあるのか、という答えが、単純な私をして、それは、資本主義の「社会構造」に存する、と判断させたわけです。全ての人間は、同じように救い助けられなければならない。全ての人達は、常に平等に幸せになる権利を有しているにもかかわらず、現実はそれとは反対に差別が、そして貧困が存在しているということは、資本主義の社会的構造そのものとその政治に問題があるからだと。そして、この道理、理念は、金光様のお道の信心と同一のものであると単純に理解し、この二つを直結させてしまった私は、社会変革・革命の道を歩むことは、即ち金光様の御信心と同一のことである、と誤解していたのである。そして、また、宗教は社会変革ということについては無力であるという思いもあって、その頃には、私は、すでに信心とは段々と距離を置くようになりつつあり、金光教という信仰の周縁に立ちつつも、いま少しの遠心力が加われば、金光教という信仰の圏外から、遠くとび去って行きかねない危険な状況にあったのです。

六十年安保闘争

時あたかも昭和三十五年（一九六〇）日米安保条約改正の刻がやって来た。当時の首相岸信介は、この批准のため総力を挙げ、これに反対する国民と対峙していたのです。

当時の私は、大学院修士課程を修了し、どうにか博士課程に合格し、博士論文の執筆に取りかかろうとしていました。六十年安保に反対する学生、労働者、国民の時には五十万人とも言われた膨大な人達が、国会を十重、二十重に取り囲み、ヘルメットを被り盾を構え警棒を握り締めた機動隊と睨み合い、旗竿を横にしてスクラムを組む学生、労働者との連日連夜の激突が繰り返されていた。デモの全学連の学生達が、装甲車をひっくり返し、火がつけられた警察車輛があちらこちらから、四台、五台と燃上し、負傷者を搬送するための救急車が、何台も警笛を鳴らしながら激しく往復していた。まさに市街戦さながらの相様であった。

私達、大学院生は「全国大学院協議会」なるものを結成し、それを学者研究者の抗議団体の一組織と位置づけ、共に活動することを決定した。これは「全学連」という学部学生達との組織とは一線を画すものであった。

六十年安保の際の機動隊と全学連デモ隊との何回目かの激しい衝突の時、国会南門前あたりで、東大女子学生樺美智子さんが圧死した。現場に居合わせた私達は、その悲痛な死に言葉を失った。学生達は国会の中庭に突入し、機動隊に取り囲まれながら激しい渦巻デモを繰り返していた。第二議員会館の地下室には、機動隊との衝突により、警棒で頭を割られ、腕を骨折した学生達が山積みとなり、治療も受けられない状態を見た学者研究者達は、当時の東大、早稲田、慶応の各総長に電話をし、警視総監にこの学生達の救急搬送の交渉を依頼した。

このような連日連夜の激しい、学生、労働者、一般国民からの国会への抗議行動の続く中、いよいよ一九六〇年六月十五日の日米安保成立の日が近づいてきた。この日もシトシトと六月の梅雨が降り続く中、連日連夜の抗議行動も今日が最後ということで、学者、研究者、院生グループは、今日はこの雨の中、徹夜で抗議の国会前座り込みを決行した。

六月十五日が明けた翌十六日午前二時頃、突如「かかれ」という号令とともに、機動隊が、われわれ研究者、学者、院生グループの座り込みの現場に襲いかかって来た。年老いた教授達は警棒で殴られ逮捕された。若い院生達は、皆すっとんで逃げた。警棒が振り下ろされる音を、背をのけぞらせながら避け、走りに走った。虎の門を走り貫け、新橋駅まで逃げた。閉じられていた改札口をとび越え、線路を走り、ホームに駆け上がって夢中で逃げた。それでも機動隊員は追って来た。

一九六〇年六月十五日の日米安保条約自然成立(国会審議によるものではない)によって、六十年安保闘争は、その終焉の時を迎えた。われわれ院生は研究室に再び戻り、研究に勤しみ、その後、研究者になった人も沢山見うけられる。全学連の学生達は、運動の目標を見失い、その後、四分五裂して、最後はその一派の連合赤軍派が浅間山荘事件を引き起し、この六十年安保闘争は、一応、その一件の落着を見ることになる。

見えざる御手に導かれて東京教会へ

さてそこで、私は、ここから話を少し元に戻して、私が、これまで神様から頂いた、どうしてこのようなことが起きたのであろうかと思う不思議かつ奇蹟とし か言いようのない物語を記しておかなければならない。これは、私が決して忘却してはならない、そして、子供達二人に、是非共知っておいてもらわなければならない神様からの「おかげ」だからである。

私は、最初の上京の折、父から東京教会にお参りさせて頂くことを、口説いように何度も言い聞かされていた。上京さえできるのならば、これは「しめた」ものと、それを軽く聞き流していた。上京後、程なくして、ある日、神田の古本屋街に行って見たくなった。上京したばかりの田舎者の私は、地理が全く分からず、秋葉原で中央線に乗り換えなければならないところを、ホームを間違え、総武線の長いホームを千葉方面に歩いていた。ホームの端の長い階段を下り、改札口を出た先は、大きな昭和通りであった。訳が分からず信号を渡り切ったが、渡り切った先は歩道が左右に分かれており、その歩道からこれまた二、三本の路地が走っている。思わず足が左の方へ向き、二つ目であったか路地を通り越したところの広い大通りに出てしまった。そこには日通の倉庫などが並び、妙な処へ来たなと思いながら、その道を右折した。数歩、歩いて何気なくフト左側を見るとそこには何と金光教東京教会の建物が建っていた。田舎者の私は、単純に東京教会といえば、東京駅の近くにあるものとばかり思っていた。私は、どういう訳か、吸い寄せられるように教会の門をくぐっていた。

神田の古本屋街に行くつもりが、一階と二階と三階に何本もあるホームの中の一本だけを選ばされ、何ヶ所もある駅の改札口の一つだけを選ばされ、昭和通りに出、そして何本も走っている道路の一本だけを選ばされ、初めての道を何ら迷うこともなく、（古本屋街への道は迷ったけれども）スイスイと東京教会に辿り着いている。上京したばかりの東も西も分からない全く未知の大東京で誰に尋ねることもなく、何ら迷うこともなく、唯一直線に教会に無意識のうちに辿り着いているのである。このことは、まさに神様の見えざる御手に導かれたとしか言いようのない今もって不思議でならない出来事の第一である。

これが、アルバイトの帰路、その疲れと暗く沈んだ絶望感が、畑先生や山崎、谷口両先生、青年会の皆さんとの温かい楽しい雰囲気の中で、癒され、慰められ、励まされ、また生きる力を頂いた「おかげ」の始まりなのである。古本屋街へ行こうとする私の意思とは全く別の何らかの意思が働き、何ら意図することなく、教会にお引き寄せ頂いたことで、ここから私の人生が百八十度大きく回転し展開することになろうとは夢想だにしなかった広大無辺、人智の計り及ばざる神様の御神慮、「おはからい」である。これを「おはからい」と言わずして、何をもって「おはからい」と言うべきか、その言葉を全く知らない。そして、このことを陰ながら祈ってくれていた父の祈念力の賜物以外の何物でもないのではなかろうか、と思う。

母のお国替えと大学三年編入学

つぎに第二の不思議な物語について記しておかなければならない。当時の私は、最初に入学した大学（人文学部）の教養課程（二年）の単位をやっとこさっとこ辛苦の末、取得したものの、どうしても、経済学か法律の勉強もだし難く、国立大学の三年編入を狙うことにしたのです。（当時、私の在籍していた大学には社会科学系の学部は存在しなかったのです。現在はそれらも設置され充実した総合大学となっております）。本命は京都にあるK大学法学部（若干名）で、この編入試験のための「法学概論」、「英語」など徹夜の勉強中、忘れもしません、昭和三十二年四月二日の京都出立のその日の夜明けに、「ハハシス　スグカエレ　チチ」という悲痛な電報を受け取ったのです。取るものも取りあえず、急拠、母の葬儀のため帰省いたしました。受験表など揃え待ち望んでいたK大学への三年編入試験は、葬儀の日と重なり、もうどうしようもありません。葬儀の終った日には、編入試験も終了していました。

ここから、私が不思議に思っている奇蹟的な事柄が次々と起ってきます。K大学編入試験の数日前、青年会のW君の自宅を訪ねるため、池袋西口駅からのバスや車が激しく行き交う大通りを歩いていました。いつもその道を歩いており、その道しか知りません。数百米歩いて、左側への脇道を見つけ、それこそ何気なく、そして何ら躊躇することなく足を踏み入れていました。そこには古本屋や喫茶店が並び普通の商店街とは違う別の雰囲気が漂っていました。左側の長いレンガ塀に添って歩くと、豊かな緑の樹々に囲まれた瀟洒な大変美しい蔦のからまったレンガ建ての時計台、図書館、チャペルらしき建物群が見えて来ました。どこかの大学かなと思い歩を進め正門に出たところ、そこにR大学の大きな金文字が目に入りました。ああ、ここがR大学か、と初めて知り、フト正門の横を見ると、そこには何と経済学部三年編入生募集（若干名）の掲示板が立っており、何でそのような気になったのか、全く分かりませんがこれもフト腕だめしをしてみようという気になりました。

W君は、その大学の経済学部四年生で事情を話し、「経済原論」、「金融論」などの受験科目の本を借用し、二、三日猛勉強をしたことを覚えています。その時の私にはK大学のスベリ止めなどという意識は全くなく、仮りに合格したとしても、この大学はお金持ちのお坊ちゃん大学という印象しかなく、授業料も高額で、手の届く大学ではなく、入学する意志は全くありませんでした。

池袋西口駅からのバス大通りから左側の脇道に無意識に思わず知らず踏み込んだのが、私の大きな運命の転回点、岐路であったということ。従来通りの右のバス大通りを直進するか、左側の脇道を選ぶか、これが、その後の私の運命と進路を大きく回転させ決定づける別れ道になろうとは、その時には夢想だにしませんでした。もしあの時バス大通りを歩いたとするならば、このR大学の前を通ることもなかった筈ですから。なぜ、あの左側の脇道を選択したのか、これも今でも不思議に思える出来事なのです。私は、このR大学の三年編入試験受験のことは、もうすっかり忘れていました。

母親の悲しみの葬儀が終った日、そのR大学より電報が来ました。父が何の電報かと尋ね、開けてみると編入合格の通知でした。これには私はびっくりしました。電報を依頼した覚えもなく、通常、大学からはそのような合格電報が来るはずがないからです。(もし、この電報が来なかったならば、私は、R大学編入学合格のことは、永遠に知らなかったことでしょう。知らなかったその後の私の身の上に起ったであろう出来事は、現在の私とは全く違ったこととして、また別の人生を歩めしめたことには間違いありません。これらのことにつきましては、全く想像すらできません)。しかし、私には全く関心がありませんでした。父がいろいろ聞くものですから、事情を説明し、授業料も高額で、R大学には入学する意志の全くないことを話しました。

　黙って聞いていた父は、亡き母の御霊前にお供えされていた全玉串料を拡げ、これを持って入学金と半年分の授業料に当てるように指示しました。しかし、その額は、到底、編入時の必要額に遠く及ぶものではありません。葬儀後の支払いや教会の家計のこともあり、私が頂戴する訳にはいかないばかりか、その全額だけでも編入学必要金額に足りるはずもなく、私は、そのことを説明し、有難いが頂戴する訳にはいかない旨を話したのですが父は納得しません。大切な玉串料を挟んで、「持って行け」、「持っていかない」という、父と私との間のしばしの押問答があり、その大切な玉串料の何度かの押しつけ合いが繰り返されました。

　父はしばらく沈黙の後、それでは東京の今は亡き母方の親戚の処へ行って借金を申し込めと命じました。私の母方は安藤という姓で、昔は大分の別府松岡村の大庄屋、大地主で大層なお金持であったそうです。安藤一族が広大な土地と邸宅を所有し、各家の前に、楢、樫、黄楊等の大木を植えその家の目印にしたそうです。

本家の名は樒蔵、分家は黄楊蔵、私の祖父の名は樫蔵。母は幼き頃、沢山の従兄弟、従姉妹達と広い庭でよく遊んだことを話していました。本家の樒蔵家が、ある人の連帯保証人となり全財産を失い、完全に破産し一族はバラバラに離散した。がしかし、樒蔵は子供達には勉強をさせ、皆、東京帝大を卒業させ、社長（例えば安藤樒六は、小田急電鉄、小田急デパートの社長）や、内務官僚（狂四郎という人は、官選の京都府知事から警視総監、戦中の大政翼賛会に参画し、戦後、マッカーサーにより公職追放）（また別の人も京都府知事から、防衛庁初代統幕議長を経て日本住宅公団総裁）を輩出と、いう話です。

私は、小田急の社長室にでも行けと言うのかと思っていましたが、父の指名したのは、伊東家の人でした。この伊東家は大きな醸造元で、私の祖母の実家。その子供達も母の従兄弟。その一人が京都帝大を卒業し、当時の高等文官試験（現司法試験）に合格し、ある大会社の重役をしていました。私は、父にその人に会ったことがあるのか、と尋ねたところ、父は母からいろいろと聞いているだけで、もちろん会ったことも話したこともないと言う返事。（父は元来、母方の親戚とは全くの疎遠、没交渉）。私は絶句した。自分すら会ったこともない、そして私も会ったこともない私の母方の親戚を突然訪ね、大金の借用を申し込んだところで、一体、誰が信用し貸してくれるというのであろうか。父は唯々「心配ない、神様にお願いしておくから」と言うばかりである。住所も詳しくは知らず、唯「青山」と言うばかりで、私は唯々そのいい加減さに呆れるばかりであった。がしかし、父の恐ろしさに渋々上京し、「名前」と「青山」という住所を手がかりに、やっとの思いで探し当て、母の名前と私がその息子であることを名乗ったところ、大変懐かしがり機嫌よく迎え入れられ、用件を聞いてくれた。事情を説明し、入学金と授業料半年分という大金の借用を恐る恐る申し入れたところ、こちらが拍子抜けするほど、いとも簡単にあっさりと貸してくれた。父の言う通りになったことにびっくりし、同時にその有難さに心中涙を流しながらの夢心地であった。返済はいつでもよいと言ってくれ、事情の分かったその人は、子供三人の家庭教師まで許し、高額のアルバイト料まで用意してくれた。このような不思議なことが、私の身の上に現実に起ったのである。私には今は亡き母の霊と、父の陰ながらの厚い祈りの賜物としか、どうしても思わざるをえなくなってきたのである。

私は涙を流し御礼をし、喜び勇んで借り入れた大金を持って、R大学の教務課窓口で入学手続をお願いした。ところが、窓口の係員は、もう編入学の手続きの期限は、とっくに終っていると取りつく島もなく、全く不機嫌そのものであった。私は、その時になって、父が、母の葬儀などで編入学の手続きが遅れることを電話しておけ、(その当時の教会には電話は勿論のこと、ラジオも自転車も何もありませんでした)と言ったことを思い出した。私には、元々このR大学には編入学する意志は全くなく、借金も父の言う通りに借りられるとも思えず、生返事をし、父の言うことを全く無視していた。

途方に暮れた私の足は、自然と東京教会の方へ向っていた。畑先生に事情をお話したところ、総代の鈴木章之氏に電話をして下さった。この人は、R大学の佐々木元総長と昵懇の仲で、その佐々木元総長へ電話し説明して下さった。さらに私は、青年会のW君がこのR大学の経済学部四年生であったことを思い出し、彼にも相談してみた。彼はすぐゼミの教授に尋ねたところ、その教授は、以前の教授会の三年編入者合否判定会議で、この学生（私のこと）は、合格しているけれども、手続きをしていないので辞退したものと見なすという決定が承認された、ということを彼に話された。W君は、手続きが遅れたことは、母親の葬儀のためであることを説明しその善処方をお願いしてくれた。

佐々木元総長とW君のゼミ担当教授との二つ線の交点が、私の三年編入学可否の再審議を可能にした。教授会で一旦決定された事項が、再度審議され直すということは、本当に稀有なことであり、これも、また私の不思議とするところである。

再審議の結果、特別な事情故として、編入学が許可されたのである。しかし、教務課の係員は不満、不機嫌で受け付けようとしない。奥から教務課長が出て来て、書類を受け取り頑張りなさいと優しく言ってくれた。この課長は、私が大学卒業の日、何千人のなかから私を探し出し、君は大学院に合格したそうだね、おめでとう、とまで温かい言葉をかけてくれた。

神様の「おはからい」・人の情けへの感恩と病気平癒

W君は、R大学大学院修士課程に籍を置きながら、その附属高校の教諭も兼任していた。担任の生徒達に次々と家庭教師として紹介してくれ、経済的には随分と楽になった。夕方から週三回、一回二時間で一万円。三軒掛け持ちで九回、週二日はダブルヘッダーとなる。皆、裕福な家庭の子弟で、夕食には、鰻重とか江戸前のにぎり寿司など、これまで食べたことのなかったご馳走が出た。一軒目が終り二軒目でも夕食を出されたが、もうお腹が一杯でお断りするという、これまで空腹に耐えてきた身にとって嬉しい経験もした。時には、千葉館山の海岸にある別荘で、一夏を生徒と過ごすという贅沢もさせてもらった。

当時の大学卒業生初任給の賃金は一万三千四百円であった。私は三軒の家庭教師料で三万円＋奨学金六千円＝三万六千円それにプラスアルファなどで、同期の諸君以上の月収を得、しかも自由に研究までさせて頂くことが出来たのである。どうしてこのようなことが現実に出現することになったのであろうか。思えば不思議なことばかりである。

東京教会の畑先生、鈴木章之氏、青年会のW君、そして大金をいとも心よく貸してくれた伊東氏、教務課の課長さん達、私を取り巻く全ての人達の親切心、温かさ、有難さが、世間の寒風に吹きさらされ続けてきた私の心にしみじみと沁み込みはじめ、人の情け、父の愛情、神様の御神慮、「おはからい」が、次第に理解されるようになってきた。御礼を申し上げることのできる己れを感じるようになってきた。そして、その頃にはいつの間にか、胸の病いもすっかり癒え、元の健康体を回復していた。

父の鍛錬と反発

振り返って見て、私が、東京での空腹を抱え病魔に耐え、栄養失調と重労働のなかで、絶望し学業を諦め、涙を飲んで帰郷したものの、再度奮然として、頑張ることができたのは、旧制中学一年の頃からの私に対する、父の厳しくも過酷な鍛錬の賜物であった、と今にして思う。私は幼少の頃より病弱で、喰べ物の好き嫌いが激しく、栄養が片寄り、年中風邪などを引き高熱を発し、小学校一年の頃は、よくお休みをしていた。体操が大嫌いで、この時間はいつも見学であった。お昼の休み時間も運動場で級友と遊ぶこともなく、一人教室の片隅で本を読んでいた。第二次世界大戦が激化しはじめ食糧難が続くなか、父は教会から七㎞ばかり遠く離れた福正寺の山林を借り、これを開懇し畑を造った。小学校高学年から一緒に木を切り、切株を掘り起し、芋、大根、トウモロコシ、小麦等何でも植えた。（猪がいつもその大半を喰い荒していたのであるが）。旧制中学生になってからは、学校から早く帰った土、そして日曜日などは、糞尿を肥桶に汲み、天秤棒で担ぎ片道七㎞程の山道を辿り、畑の手入れをし、日がとっぷりと暮れた真暗な山道を帰路に着いた。風呂に入ると疲れでそのまま熟睡し、勉強も宿題も段々と疎かになって来た。高校生になってもこのことは続いた。勉強のする暇もないことを、一言、父に漏らす否や、手厳しい叱責の言葉と鉄拳がとんで来た。私はそれからは、もう一言もこのことは口にしなくなった。級友は皆勉学に精励し、大学受験に寸暇を惜んでいるというのにと思うと、居ても立ってもおられません。がしかし、唯々、ひたすら黙って父の言う通り、嫌々ながらも服従するしか仕方がありませんでした。厳格にして恐怖そのもの、そして無理解な父から、姉や弟のことが心配になりながらも、一刻も早く逃げ出し、自由な身となり、一日も早く一人前となり、散々苦労をかけた母親には、わが身を犠牲にしてでも真心から孝養を尽さなければならないと、固く心に誓わない日はありませんでした。その実現のためには、何とか、一日も早く高校を卒業し、口実を設けて、東京へと遊学する道しかありません。「親の心、子知らず」とは、まさにこのことで、全くもって無知蒙昧、身勝手な己れであったことを、今になって反省し、悔悟し、父に深くお詫びしているところです。

この往復十四km以上の山坂道を、肥桶を担ぎ日の暮れるまで畑の手入をするという、手厳しい父の鍛錬が、実は私の足腰を鍛え、病弱だった私の心と体を丈夫にしてくれたのです。この父の厳しすぎる位の非情な鍛錬が、東京での過酷なまでの重労働にも耐えさせる身心を造り上げさせていたのです。そうでなかったならば、とっくの昔に私は死んでいたことでしょう。

一見、非情、過酷なまでの私への態度は、裏を返せば、口下手な父の深く大きな愛情表現であったわけで、そのことに今頃やっと気づいた私は、改めて御礼を申し上げるばかりで、その遅過ぎたことへの相済まなさで心が震え、御霊前にひれ伏すばかりでございます。

東京から京都へ、そして結婚

時節は移り、R大学大学院博士課程三年の単位取得後、指導教授のお世話で、京都のR大学に就職することができました。始めは、東京から離れ難く、京都行きが嫌でしたが、教授がそのうち東京に呼び戻してやるということで意を固め、着任してみると、大学の雰囲気、人間関係、研究条件なども良好で、ここなら、一生暮らしてもよいと思うようになりました。

醍醐天皇陵を中心に開発された広大な醍醐団地の一画が激しい競争の末当選し、四条教会の御信者さんの大工さんに、小さな一戸建ての新築をお願いし、晴れて待望の「わが家」を持つことができました。もうこれで叱られて家から追い出される心配もなくなったのである。

程なくして、東京教会畑久美子夫人より、縁談の話が来ました。相手は青年会の勝馬田節で、この人の祖母は秋田花輪教会の初代教会長、山崎キミ先生です。

この方の次女が節の母親、父親は花輪の歯科医で、節は、六人兄弟の末っ子です。東京教会で見合をし、厚狭教会の御神前で多くの親戚、家族、先生、信者さん達に祝福されながら華燭の式典を挙げることができました。母親が生きていてくれていたら、どんなに喜んでくれただろうと思うと胸が詰まります。これが昭和四十二年（一九六七）十月八日、私が三十五才、節が二十六才の時のことです。新婚旅行を兼ね、松江、出雲という山陰地方を巡り、京都醍醐のわが家に帰り着きました。

父の願い——北九州大学へ

話はまた変りますが、昭和四十三年の頃、夏休みに家内と厚狭に帰省いたしました。その時、父が言うには、私に無断で小倉にある北九州大学（現北九州市立大学）を訪ねた、というのです。何で勝手にそんなことをするのか。おそらく、私に厚狭教会の近くに帰って来て欲しいという願いがあったのか、そのあたりの理由は全く説明いたしません。小倉教会にお参りし、その旨桂光子先生にお取次を願ったところ、それならば北九州大学は市立なのだから、市役所に行って相談してみたらどうですかと言われ、市役所を訪れ受付の人にその事を告げると、大学のことは、ここではよく分かりませんので直接大学の方へ行かれてはどうですか、という返事。父は、またノコノコと大学を訪ね商学部（後に経済学部に改称）部長に面会を申し込んだところ、何とお会いすることができたそうです。私にとっては、紹介状もない田舎のジイさんに、よく学部長が面会してくれたものと、これも全く不思議なことの一つなのです。

事情を説明すると、商学部には今一つ空席がある。息子さんに一度お会いしたいので、夏休みにでも来るように伝えて下さいということ。だから、お前は、これから北九州大学の梶山商学部長に会いに行って来いというのです。私には、事前に何一つ相談もなく、勝手に独断的行動をとるのは父のクセです。しようこともなく渋々、商学部長に会いに行くと、学部長は、ともかく、指導教授二名の推薦状とこれまでの研究業績を送付してくれ、ということで、約束である以上、止むを得ず、京都に帰宅後、書類を整え学部長宛に郵送しました。学部長からは、その後何らの音信もありませんでした。

私には、もともと研究のためにも東京への就職願望があり、また京都の生活にも慣れ、九州へ都落ちする気持はさらさらなく、このことは、それ切りのこととして思い出すこともなくそのまま放置していました。

京都R大学辞職

話はまた変ります。平穏な京都生活が続いていたのですが、大学は大きな変動期を迎えていました。大学充実拡大案が提出され、学部増設、その人事で連続の教授会の開催です。経済学部から経営学部に移籍した私は、新設予定の法学部の「経済学」担当者として、文部省に申請されることになりました。経営学部と法学部の兼任ということです。

当時の大学は、全国的に大学拡張期の風潮のなかにあり、文部省の大学及び学部の認可資格を持つスタッフが不足気味となり、有名教授は、引っ張りダコでその名義貸しが横行していました。二つも三つも大学に名義を貸し、その資格によって大学や学部の新増設が認可されたものの、その有名教授達が、二倍、三倍の給料を懐に入れながらも、名義貸しした二、三の大学すべてに出講するということは到底不可能なことです。だから名義貸しなのです。当然、有名教授の講義を期待した学生達から不平不満の声が挙がってきます。文部省は、その対策として、以降、大学と学部の新増設に際しての兼任、名義貸しの禁止を内規で決定いたしました。

私の大学院指導教授は、文部省大学設置審議委員の任にありました。全国からの大学、学部の新増設の申請書類、建物、スタッフの資格、研究教育条件の整備案等を厳密に審査し、合否を判定しその認許可権を有する権威のある機関の一人なのです。

その教授からある時、東京の某大学の新設学部のスタッフとして帰ってくる気はないか、と問い合せがあり、私は、目下、京都のR大学法学部新設の「経済学」担当スタッフとして、文部省へ申請中ですし、このことは、東京と京都との二重の名儀貸しとして、文部省内規に当然触れることになり、今、京都のR大学に迷惑をかけることは出来難いという理由で丁重にお断りの返事を差し上げました。教授からは了解した旨の返事とともに、一通の白紙委任状が同封され、つぎのように記されていました。それは、私が先きに招聘をお断りした東京の某大学の新設学部へ、私のお断りの意思を正式に伝えるため、同封の白紙委任状に署名と実印捺印の上、送付されたいという内容のものでした。私はそんな馬鹿なことがあるものか、なぜ白紙委任状が必要なのか、非常に疑問を感じ不満でもありましたが、恩師を信じ、同封されてきた白紙委任状をまた返送いたしました。これが、やはり大きな間違いと騒動の元となりました。恩師は、私を騙し悪用したのです。

私が、文部大臣宛に作成したという全くの偽物の上申書なるものの書類の上に、私が騙された白紙委任状を貼りつけ、この者は、他大学の新設学部に就職したい願望を持っているにもかかわらず、名儀貸しを禁ずる文部省内規のために、その希望が叶えられずにいる。これは職業選択の自由という憲法違反ではないのかと、大学設置審議会の席上で、その偽造された私の上申書を振りかざしながら、熱弁をふるったということが、後々、私の耳にも届きました。これも後から聞いたことなのですが、その恩師はお金に困り、某大学の新設学部の承認、そのための私の人事紹介との交換としてお金を受け取り（これは賄賂ですので）、その返済猶予と事実隠蔽のために、私を悪用した詐欺的行為であったわけです。

しかし問題は、これだけでは済みません。この一報が、私が在籍している京都のR大学に通報されました。R大学としては、文部省に法学部新設のためその「経済学」担当者として、私の書類を整えすでに申請済みであり、今それを他の者に差し換えることも困難であり、仮りに差し換えたとしても、法学部新設は来年度は無理となり、一年間、他の新採用予定スタッフに給料を支払うか、さもなくば採用のお断りをしなければならないことになり、これはR大学の信用問題として、急拠、教授会が開催されることとなった。私は教授会において、恩師からの東京某大学新設学部へのお招きについては、こちらのR大学との事情を十分に説明し、もう以前に丁寧にお断りしている旨と、その後の恩師の行動については、今初めて聞かされた由の理解を求め、それはそれで了承されたのである。がしかし、私は私の不明、軽率な行動から、大変なご心配とご迷惑をおかけしていることをお詫びし、その責任を取って、誰れも何も言いませんでしたが、R大学辞職を申し出ました。

後々の話ですが、この騒動は、R大学経営学部長の冷静さを失った判断ミスであり、私以外の新設法学部「経済学」担当者の差し換えは十分可能であり、そのような事例は、全国の他大学においても多数見られ、そして、その差し換えの時期は設置認可のそれに十分間に合った、という事実を教えられました。文部省との接渉は、そのためのものであるにもかかわらず、学部長は文部省への何らの問い合せもせず、唯々慌てふためいた保身者の一人馬鹿騒ぎであり、何も辞職するほどの大事件ではなかったと告げられたのである。事実、教授会の冷静なその後の対応によって、法学部新設は一年延長することもなく、翌新学年からその開設が承認されている。しかし、私にとっては、このことは最早どうでもよいことであった。

再就職を目指す一からの再出発である。さてこれからどうするか、と思案投げ首の折しも、突如、さきの北九州大学梶山商学部長よりの手紙を受けとった。それは、当学部として一つの空席を埋めなければならず、貴君の意思が判然としないため困惑しています。もし当大学への赴任の意思がないのならば、はっきりとお断り頂きたい。次の候補者を選任しますから、という内容のものであった。これもまた神が配した絶妙なタイミングであった。

私は、一も二もなく直ちに応諾の旨、電話をし、返事の遅れたことをお詫びした。

なんとまあ、神様は、父の手を通して、私の全く感知しえない処で、このような不思議なことを、よくなさるものか、と唯々、恐れ入るばかりであった。神様を疑い、神様との御縁を切り、信心を止め、今にも金光教からとび出そうとしていた、この不信心者、御無礼者を引き留め、かくも可愛がって下さる神様の御心を、何回目かの不思議な体験の後に、やっと気づくことができた。これら何一つとして自分の力でなし得たものはない。どうして、私が、永い遠い道のりを、苦しみ、悩み、迷い、そして遠回りしながら、改めて神様にお詫びし、お礼を申し上げることが、少しずつでも出来るようになったのか、自分でも不思議なほどである。

北九州大学就職と厚狭教会への引越し

私は、家内と荷物をまとめ、生まれ故郷の厚狭教会へと引越した。京都のR大学での事件がなかったならば、厚狭へ帰ることも、そして北九州大学へ就職することもなかったはずである。厚狭から小倉まで電車通勤となり、父と姉、そして私達夫婦の四人の教会生活が始まった。

家内には、初めての教会生活であったが、実によく仕えてくれた。毎朝の父の御祈念前に起床し、まず御神飯を炊き、父へ手渡すことを始めとし、炊事、洗濯、掃除等一生懸命尽してくれた。食事の度毎に四人で食卓を囲み、家内の家庭料理も美味しく、父の痩せていた顔がふっくらとし、真に穏やかな雰囲気が続いた。父は年を取っても、私や姉を叱りつけていたが、家内にはそのようなことは一度もなかった。家内もお父さんには一言も叱られたことはない、と不思議そうな顔をしていた。父は、家内が一番のお気に入りで、傍に引きつけて離さず、用もないのにすぐ手を叩き、家内を呼びつける。老人の話はくどく長いし、何を言っているか、よく分からない。それでも家内は、ニコニコしながら何時間も父に附き合っている。当然、家事の時間に喰い込むが、父は一向に無頓着で家内の忙しさはその分倍増する。それでも黙って、いつも笑顔を絶やすことはなかった。このような平穏な教会生活が三年位続いた。

積年の願い—教会新築完成

昭和十二年（一九三七）七月の盧溝橋事件から始まった支那事変は、遂に昭和十六年（一九四一）十二月八日の大東亜戦争へと発展・拡大していく。私が小学校三年生の時です。

厚狭教会は、戦況がどんどん厳しくなる同じ昭和十六年（一九四一）積年の願いである教会新築のまず第一歩としての上棟式の祭典までおかげを頂きました。二階建ての大きな建物です。しかし、その建物は、二階が正面玄関、御神前とお広前、そして客間という間取りです。（神饌所などは後から広く改造いたしました。）

一階部分にも玄関があり、そこは主として家族の居間、風呂場、台所、トイレという誠に奇妙な設計です。二階の御神前参拝の玄関には道路から伸びた坂道を登らなければならない風変わりな建物です。

どうして、このような奇妙な設計になったのかと言えば、それは、戦況の拡大とともに成人男子の徴兵によって、大工、左官、建具職人をはじめ、どんどん人手が無くなり、木材や土を運ぶ馬車の馬、そして犬までも軍馬、軍用犬として徴用されていく、当時の戦時情勢がその理由でした。

道路の高さまで埋め立てる筈であった田圃は、そのため不可能となり、その代わり、柱を建てるコンクリートの基礎部分は、普通の倍以上より高く設計されていました。

建築に必要な資材―木材、瓦、セメント、ガラス、釘、畳、屋内配線用の電線等が、戦時統制品として厳しく取り締まられ、その売買が禁止されて、その入手は非常に困難を極めました。建築資材として重要な桧の柱材など、父が支那事変の頃より奥山に入り、木を選定し、そして、それらを製材所で立派な柱や板として仕上げ、教会の庭や玄関の空地などあらゆる処に保管していました。これらが大きく役立ったのです。しかし、それだけでは足りません。在る処には在るもので、ある時など釘一樽が庭に転がされていたことがありました。父は何も言いませんでしたが、恐らくこれは闇物資ではなかったかと思っています。父は、あらゆる処であらゆる資材を、苦労しながら買い求めていた、と思います。

教会建物は、柱だけで、天井も壁も床も、窓も、そして台所、風呂場、井戸、トイレもまだありません。

工事が中断されたなかで、私は父と二人で、古釘を拾い集め、金槌で叩き伸ばして、古板を張り、筵を垂らして風雪を凌ぎます。井戸掘りも手伝い、トイレ用の穴も作ります。解体した今までの五衛門風呂釜の設置も手伝います。当時は今と違って生コンもコンクリートミキサーもありません。広い鉄板の上に砂を盛りセメント袋からセメントを取り出すのですが、その時、手も口も頭も顔も真白になります。セメントと砂をしっかり掻きまぜ、水を注ぐのですが、これが難しいのです。入れ過ぎるとドロドロになり、少な過ぎると硬いコンクリートになり使い物になりません。具合を見てそれを手早く練り上げ、出来上がったコンクリートをバケツで運ぶのですが、それが子供にはとてつもなく重過ぎるのです。孟宗竹を割り、縄で組み、土壁部分に打ち付けます。十一月の霜の降った寒い朝、土壁用の苆（スサ）として藁を切り、赤土に混ぜ、水を入れて素足で踏んで壁土を作るという作業。これが一番辛く、その冷たさに足が痺れ、我慢が出来なくなるのです。

出来上がった壁土を、今度は、先に組み上げた竹の簀の子の上に両面からコテで塗るのです。これで粗壁が完成するのですが、まだ中塗りと上塗りが残っております。が、これらは、素人ではとても無理でそのままにしておきました。これでも一応、風雪の吹き込むのを防ぐことができます。

このような作業中、道行く心なき人が、この戦時下、このような大きな建物を建ててどうするのか。全部、軍部に寄付すればよい、と聞えよがしに通り過ぎて行きます。

父は、これは私の家ではない。生神金光大神様の尊いお広前である、とジット耐え忍んでいたようです。

父は、放火などの出火を恐れ、夕食後、毎日、私と二才違いの弟を連れ、提燈を下げて、三十分位離れた教会新築の家に泊まりに行くのです。

電気もなく真暗な夜中、トイレに起き、根太だけで床板の張っていない、私の背丈位の床下に転がり落ちたことも何度かあるのです。

冬などは筵を通し、また床下から吹き上げる寒風に、早く我家に帰って温かい布団にもぐり込みたいと思ったものです。

ある雪の降る夕方、弟が、寝泊りに行くのが嫌さに、〝あんな家など燃えてしまえばよい〟と口走った。これが父の逆鱗に触れ、母の必死の制止にもかかわらず、弟ともども私も、解体してあった古木材を背負わされ、雪の庭に裸足で立たされたのである。この時の父と母へのいろいろな複雑な思いは、今でも忘れることができない。

また父は、建築用材として、昔の参勤交代の道に植えられていた大きな往還松の何本かを切り倒し、それを製材所に運ぶため、荷馬車を雇い、私は、その松の小枝を薪として背負わされたのである。まだ生木であるため、重くて重くて、これも真暗なぬかるんだ馬車の轍の跡に何度も躓き転び、泥々に汚れながら、そして、眠気と空腹に襲われながら、付いて歩いた思い出もあります。

このような戦争激化という困難な社会情勢のなかでも、二階の御神前、お広前だけは、立派に完成いたしました。そこで、今まで借家であった教会からのいよいよの引越しが決定いたしました。一階部分は、いまだ四畳半の居間を除いて材木などが積み上げられたままです。ガラスの入っていない窓に垂れ下がった筵からは、寒風が吹き込み、雪が舞い込みます。電線が入手できないため配線ができず、一階、二階とも電気が通っておりません。

夜間の照明用として、旧家の信者さんの家にあったランプが五、六個提供されました。燈用として菜種油が使用されますが、これは煤がひどく、ランプのホヤはすぐに真黒になります。このホヤ磨きが、毎朝の私の日課なのです。

私は厚狭教会に帰る早々、ずっと気にかかっていたことではありますが、一階部分がいまだ材木小屋と化している状態を見て、早急に京都の土地、建物を売却し、そのお金を以って、トイレ、台所、二階の増築部分の改造などとともに、その完成を急ぎました。戦中から戦後にかけての教会新築の完成という父の積年の宿願がやっと実現し、ホッとし大変喜んでくれました。しかし、同時に、このことはお前がしたのではない。と一本、私に釘を刺すことも忘れませんでした。

研究と教会御用との板挟み

当時の大学は、今と違って週三コマ（一コマ九十分）の授業で、夏、冬、春休みの期間も長く時間的には余裕があった。研究に専念する人、他大学のアルバイトに精を出す人、魚釣り、ゴルフなどを楽しむ人など様々であった。私は大学の講義、研究と教会御用との両立も不可能ではないだろうと考え、その両方に私なりの努力を試みてはみたが、しかし、その両方ともその広さと深さの範囲は無限である。研究も神様の御用も、これでよいというものは決してない。無限の大学講義、研究、そして教会御用との板挟みの中での苦悩が始まり、二兎を追う者一兎をも得ず、ということを恐れた。私は、また疲れはじめた。総代会議が開かれ、私は自分の意思をはっきり伝えた。黙って聞いていた父も総代さん達も最終的には了解して下さり、教会は、姉が後継の御用を頂くということも決定された。

研究への道

私達夫婦は、荷物をまとめ、小倉の大学近くの徳力団地に引越した。その時には、家内は懐妊しており、その年（昭和四十四年、一九六九）七月に長男誕生。小倉祇園太鼓の鳴り響く宵のことであった。その翌々年（昭和四十六年、一九七一）長女誕生。この子は助からないところであった命を助けて頂きました。ともに国立小倉病院の生れである。

父は、京都醍醐の新居にも何度か来てくれていた。その都度、清水寺、仁和寺、智恩院、二条城など名だたる京の名所旧蹟、神社、仏閣を家内と案内した。見るもの、聞くもの、食べるものに、田舎者の父は感嘆しきりで喜んで帰ってくれた。小倉に移ってからはなお更である。距離的にも近くなり、孫の顔みたさにちょいちょい顔を出すようになった。家内の手料理を肴に好きなお酒を飲み、大そうな御機嫌であった。

徳力団地が段々と手狭になり、宗像市日の里団地の一五〇坪の土地を購入し、二人の子供部屋、書斎兼書庫など設らえた４ＬＤＫの割と大きな家を新築し、そこへまた引越した。そこへも、ちょいちょいやって来て、孫の顔を見、好きなお酒を飲み、手造りのご馳走を喰べ帰宅するのであった。

姉は縁あって、末綱順正師と結婚し、彼の生家を布教所とする杵築の地で暮らし始めた。父は一人になった。姉は間もなく女の子を厚狭の地で出産し、その子が中野和賀子（現厚狭教会長）である。杵築の布教所は、ある事件を契機に閉鎖され、末綱師は、後に、厚狭教会の後継者として御用を頂くことになるのであるが、姉は一足先きに和賀子を連れて父と同居してくれることになった。

私達親子四人は、厚狭教会の大祭、母の年祭の度毎に、お参りし、弟の真は長府教会の信子師と早々に結婚しており、二人の子供達（実と薫）を連れてお参りし、父は五人の孫に囲まれ、幸せこの上ない顔に輝いていた。

父のお国替え

曲ったことの大嫌いな、嘘のつけない、馬鹿正直な、かつおべんちゃらや自己弁護も出来ない、そして、みすみす損をするということが分っていてもそれをなし遂げるという、男気のある剛直、質朴、素直、朴訥、さらに短気、直情径行、生まれたての赤子がそのまま成人したような明治生まれの情にもろい九州男、信心一徹な頑固者の、そして神様のおかげを頂き通しに頂いた、真に尊い父の一生の御国替えは、その天寿を全うした昭和四十九年（一九七四）、八十二才の時のことであった。

北九州大学辞職と再度の採用

私は、ここで岡山大学からの大学院設置のためのスタッフとして招聘されたことについて触れておかなければならない。これも誠に不思議な出来事だからである。

当時は、大学院設置ブームで、大学は格下に見られるのを嫌って、猫も杓子もこの列車に乗り遅れまいと無理をした。大学院設置には文部省の厳しい規定と審査があった。大学院担当者の資格として、「合」と「(合)」の二種類があり「合」は大学院の講義のみ、「(合)」だけが博士論文指導教授という二種類の規定である。「(合)」の資格としては博士号の取得が重要な条件であった。この「(合)」教授が、主要課目に少なくとも、二、三人居なければ、大学院設置は困難であると言われていた。（現在は、その規定は、厳し過ぎるとして、随分緩和されて来ているようである）。したがって大学院設置を狙う大学は、この「合」、特に「(合)」教授の獲得に懸命であった。

　北九州大学も大学院経済学研究科の新設を希望していた。ところが、市の方が、文部省からの承認のための建物、書籍、スタッフ等、研究条件の整備に膨大な財源を必要とするため、何度申請しても却下し続けた。経済学部としては、涙を呑んで大学院設置を諦めた。

　私は丁度、その時期に岡山大学からお招きを受けたのである。随分、迷った挙句、これをお受けすることにした。岡大の経済学部より、当方の教授会へ、私の割愛依頼書が送付され、教授会でその審議がなされた。結局、その割愛依頼が、教授会で承認され、私は岡大に移籍することになり、翌三月の学年末をもって退職することが決定された。

ところが、その三月の末、市長選挙があり、当選した新市長が、突如、却下し続けていた大学院経済学研究科の新設を承認した。教授会は大慌てである。三月といえば学年末である。今になって大学院新設のためのスタッフを採用するなど、まず絶対に不可能な話である。辞職した私は、岡大への移籍が決まり、岡大の方からの文部省への私の採用人事も承認され、給料、宿舎、四月からの担当課目、その曜日、時間割が送付されて来た。そのための念入りな打ち合せが、先方の学部長との電話で行われた。

北九州大学経済学部は、急拠、スタッフ獲得のため無理を承知で、私の岡大への転出の断念、そして北九大への残留のために、二名の代表者を、私の説得のために派遣した。二人とも年長の教授であり、ともに能弁家である。延々と説得され慰留されたが、しかしもうすぐ四月の新学期である。何と言われても、北九大への残留は、もはや無理であると断り続けた。「これまで何年も北九大のお世話になりながら、このような窮状を見捨てて、後足で砂をかけて逃げる気か」、とまで言われた。ここで私の気の弱さが露出した。私は、思わずとりあえず自費で岡大まで行って相談してみると口走っていた。しまったと思ったが、もう遅い。

途中、四代金光様にその旨お取次を願い、岡大に行き、学部長以下、何名かの人と面談し、恐る恐る、北九大の現状をお話し、苦衷を述べ、採用のお断りを申し入れた。当然、岡大の教授会では激怒したと、後から知人より聞かされ、その辞退の理由もしつこく問われた。教授会では激論の末、結局は、私の意思を尊重しようという結論となり、大学院は、一年をかけて別の人選に当たることとなり、その冷静な判断と対応に、私は心から感謝し、大変な御迷惑をおかけしたことを誠に相済まないこととお詫びしています。

私の北九大への残留の賛否が、改めて教授会で審議し直され、全員一致で承認され、再度、私は北九大へ採用されたのである。

何とまあ、よく問題を引き起こすトラブルメーカーだろうと、われながら呆れ返ったのであるが、そして、それはそうに違いないのであるが、しかし、それはどうも違うようでもある。トラブルを起こした問題の一つひとつが神様からのお気づけであり、このトラブルの一つひとつが、私の信心への警鐘であり、信心のための確かな基礎づくりへの神からの促しであり、そのための神の御神慮、「おはからい」のように思えて仕方がないのである。

北九大に再採用された私は、腰を落ち着けて、大学院設立準備委員長として、その新設に最善を尽そうとするのであるが、これが甚だ困難。第一に「㊝」教授が集まらない。これも他大学との競合関係に置かれている。東京などは、研究条件が良いため希望者が多いのであるが、地方の市立大学ではそうはいかない。経済学研究科設立のためには、その主要課目、「経済原論」、「金融論」、「経済政策」、「財政学」、「経済学説史」、「日本・世界経済史」、「近代経済分析論」などで、「㊝」

教授の資格認定に必要とされる博士号取得者が、少なくとも、二、三名は必要である。「経済原論」には、「(合)」教授としての資格を文部省から認定されているのは、経済学博士を所有する私一人だけで、あとの一、二名の「(合)」教授を招聘するのが、大変な困難事である。それぞれの担当課目の「合」教授、「(合)」教授の書類を整え、文部省に何度も相談に行くのであるが、その度に何度もチェックされ、人事の差し換えを命じられる。市との交渉の結果、招聘教授への給料の特別上乗せ案は却下される。残された交渉手段の停年の特別延長案は、何とか承認された。北九大は六十五才が停年であり、九州大学の退官も六十五才であった。この退官した名誉教授を、七〇才という五年間の停年延長案をもって、招聘する以外に交渉の道は残されていない。同じ九州の地元でもあり、転居の必要もなく、遠くへの通勤もない。何人かの教授との根気強い、そして何度も文部省の厳しいチェックを受けながらの接渉の末、ようやくにして、一年遅れの大学院経済学研究科の新設の認可に漕ぎつけた。心配した岡大も国立で大学規模、予算も、北九大とは桁違いであり、人事もさしたる困難もなく、同じく一年遅れの大学院開設が承認されている。(現今では、このようなことは昔の物語であろう)。

家内の九死一生のおかげ

家内は、乳癌による右乳房の全摘、それによる後遺症、卵巣と子宮のさらなる全摘、さらには胃と脾臓の全摘手術、その際の腸の部分切断と膵臓への転移部分の摘出など、生死をさ迷う重病を患った。このような九死一生とでも呼ぶべき重篤の床から、七十六才九ヶ月間、その命を繋いで頂くという奇蹟的なおかげを蒙った。胃癌の全摘手術等の大病からの奇跡的なおかげを眼のあたりにして、厚狭教会の近くに帰り、教会にお参りし、一層信心に励ませて頂かなくては相済まないと決意した。いずれ厚狭教会の近くに帰ることを念じていた私は、以前に、約一八〇坪の土地を購入し、新築したけれども、空家にしておいたその一戸建住宅にまた引越し、そこから大学へ通勤した。これは、私にとって三度目の土地購入と新築である。（現在は、運転免許を返納した一人身の私には、家、土地ともに広すぎ、庭の手入れも出来なくなり、下関の関門大橋の見えるオーシャンビューのすばらしい、そしてスーパーマーケットと国立医療センターとの隣り合せの便利なマンション暮し）。六十一才で車の免許を取得した私は、教会や両親のお墓によくお参りし、家内と二人であちこちドライブし観光し、美味しいものも沢山頂いた。暖かい日には、家内の手を引き、小川のせせらぎを聞きながら、小道に咲いたスミレ、水仙、菜の花などを愛でつつ、教会へお参りし、二人並んで心ゆくばかりの御礼を申し上げることが、唯一の楽しみとなった。このような穏やかな、御礼の一杯つまった二人の日々が何とも有難く、このような日々のいつまでも続くことを祈るばかりであった。

その後、私も六十五才、平成十年（一九九八）三月三十一日付をもって停年退官。翌日、四月一日には北九州大学名誉教授の称号も許された。他の私立大学からの招聘も、自宅からの遠路ということや家内の看護などの事情もあり、七十五才位まで北九大大学院での博士論文の指導や近郊の私立大学での講義に出講することで、家内とともに時を過ごすことができたことは、真に有難く幸せなことであった。

また、平成二十四年（二〇一二）には、平成天皇より叙勲（瑞宝中綬章）の栄に浴し、家内と二人で宮中に行き、陛下にお目にかかり、お言葉を頂戴し、記念写真も撮ってもらい、沢山お土産まで頂いた。家内もともに喜んでくれ、苦労をかけた妻に、少しは女房孝行も出来たかなと思っている。

また若き頃、私は文部省より留学費用を受け、米国ロスアンゼルスのカリフォルニア大学（ＵＣＬＡ）に一年間留学することができ、そして、その後、中国北京、大連などの大学で、交換教授として一年間「日本経済論」を講義することもでき、これらすべてが、私のこの上もなき貴重な体験となり、これも真心から神様に御礼を申し上げております。

見えざる御手に導かれて—神の大恩に覚醒

大層、変な言い方かも知れませんが、もう一度言います。私は、神様から可愛がられているということを、しばしば実感している。このことは私だけのことではない。全ての人間を慈しみ、いとおしみ、そして全ての人間の救い助かりを願い続けられている神。これこそが神の本性であり、本質であり、神の御働きなのである。

私は、この神様から可愛がられ、その見えざる御手に導かれるままに、数え切れない多くの不思議な奇蹟としか言いようのない「おかげ」によって、今日まで救い助けられて来ている事実を、もっともっと、心底深く感じさせてもらうようにならなければならない。そして、それにも倍して、涙を流しながら、真心から神様に御礼の出来る信心にならせて頂かなければならない。半歩でも一歩でも信心の歩を進めこのような心境に近づかせてもらわなければ誠に相済まないことと自戒し、覚悟し祈念している。何としてでも、これまで頂いた広大な御神恩に対し、少しでも報じさせて頂かなくては、大変に申し訳ないと、覚醒し改悟せしめられている。

信仰への回帰とその理由

神を疑い、信心から遠く離れようとしていた私が、どうして再び神様を信じ、その知らなかった御神恩に咽び、より一層信心をさせて頂かなくてはならないと、固く覚悟を決めたその理由、なぜ、信心の道へと強く再び引き戻されたのかというその理由、それは、一体何か。

これこそが、これまで長々と記述してきた、私の全く意図することのなき、そして無意識、無自覚のままに、一連の私の身の上に起った現実の不思議かつ奇蹟的な神からの「おかげ」という事実である。そして、さらに付け加えるならば、今は亡き母の御霊神の深大なお働き。父の表面からは全く窺い知れぬ、私への限りなくも熱烈な神への祈り。そして家内が何度もその死の床から救い助け出されたという現実の奇蹟に遭遇したということ。この四つの広大な「おかげ」が、私をして、私は神様から、これほどまでに可愛がられていたのかという、神からの尊いお気づけが、私をして信仰の道へと再び呼び戻され、神の御前に額ずかしめた理由なのである。

子供達への切願―信心の継承

これまでの私の人生は、不思議な出来事の連続であり、そして神様から深く可愛がられて来た今日までの奇蹟の「おかげ」という貴重な体験の一端のこの記述を、二人の子供達が読み、神様の有難さに目覚め、信心の道に進んでくれることを願うばかりである。そして、二人が神様と信心の有難さに覚醒し、後々、本当に信心をさせて頂いていてよかった、という、御礼ばかり、そして喜びばかりが湧き出ずる信心、その信心の成長を衷心より祈願するばかりなのです。これこそが私の最大の願望であり、もはやこの願い以外には何もありません。そのために、このような長すぎる「はじめに」を書かせてもらった訳です。子供達の信心の成長のために、そして、私は、神様と、今は亡き両親と節への心底真心からの御礼の記しを、何らかの形で書き残しておかなければならないと思っているうち、思わず知らず、このような大変長い「はじめに」となってしまいました。まだまだ不充分ではございますが、これにて擱筆いたします。どうも有難うございました。心より厚くお礼申し上げます。

（以上）

令和四年一月五日　記

余滴―御神恩を知り御神恩に報い奉るという覚悟

教主金光様が、「ご恩を知り、ご恩に報いること」ということを、み教え下さっている。これこそが信仰の最も重要な要諦であり、最奥儀ではなかろうか、と拝察している。ここのところをきちんと押さえず、放置し、忘却したならば、それは信仰とは無縁なものと論断しうるほど重要なものである。

「ご恩」は、無数に存在している。神様のご恩、天地のご恩、水や食物、空気など、衣食住の全てのご恩に始まり、両親、兄弟、家族、そして我を取り巻く無数の人々のご恩、さらには電気、自動車、新幹線、飛行機から、身に付ける眼鏡、補聴器、スマホ、そして医療技術や医薬品等々、全てがそうである。

このように無数に存在するご恩の中でも、私は、最も中心的かつ重要なものは、神様のご恩、すなわち「神恩」であると理解している。「御神恩を知り、御神恩に報いる」ということが、私の中では真剣に取り組ませて頂かなくてはならない、非常に重要な信仰課題なのである。
三代金光様のお言葉のなかにつぎのようなものがございます。「初の内は辛うて辛うてよう泣きましたがなぁ。親様の教を守らして貰ろうて、泣く泣く辛抱しいしいに坐っとりましたら、ほしいものも、考える事も、いつの間にか無くなりましてなぁ。有難うて有難うてならぬようになり、なんぼう御礼を申しても、足りませんのじゃ。御礼の足りませぬお詫びばかりして居りますが、勿体ない事であります。」（『日々がさら』金光教徒社　十頁）
三代金光様が、親様の言い付け通り、十四歳の時より、本部広前御取次の座にお座りになられて、毎日毎日が、「初の内は辛うて辛うてよう泣きましたがなぁ」と回顧されながらも、「泣く泣く辛抱しいしいに坐っとりましたら、有難うて有難うてなんぼう御礼を申しても足りませんのじゃ」という信仰の奥儀に到達されるまでには、どれほどのご苦労がおありになったのであろうか。想像を遙かに絶するものがある。私はこの処を読ませて頂く度に、涙のながれるのを押さえることができません。唯々、三代金光様の足元にひれ伏し、御礼を申し上げるばかりでございます。

「辛うて辛うてよう泣きましたがなぁ」というご心境から、「有難うて有難うてなんぼう御礼を申しても足りませんのじゃ」というご心境への到達、これがどのような信心をさせて頂ければ、このようなことが実現されうるのか、これが積年の私の最大の信仰課題なのです。

私は、学院卒業間もなくの若き頃、父の命により、厚狭教会の御結界に座らせて頂いたことがある。御信者さん達が御取次を願われる度に、その苦しみ、悲しみから、何としてでも助かって欲しい、救われて欲しいと、心身ともに震えながら、念じながら聞かせて頂きました。それは我が事、否、それ以上の痛切さである。

しかしながら、私には、人を救い助けるなどという力は露ほども在りはしない。無力そのものである。そうだとするならば、後は御神前に額づく以外に方法はない。寝食を忘れ、唯ひたすら一心不乱に神様に祈願する以外には、私の取り得る道は存在しえないのである。

御信者さんの願いが実現し、「おかげ」が頂かれた時は、それこそ天にも昇る心地で、我事、否、それ以上の無上の嬉しさ喜びに包まれる。

ところが、全てが全てそうはいかない。願っても祈っても、「おかげ」が頂けない時、私は苦しくて苦しくて、悲しくて悲しくて、辛くて辛くて、申し訳なくて、相済まなくて、居ても立ってもおられません。

御信者さんには何としてでも助かってもらいたい、救われてもらいたい。だがしかし、私にはそのような力はない、という相克の中で、御結界の座は、私にとってまさに針の筵と化したのである。

私には、到底、人を救い助ける力など無い。もう駄目だ、無理だと一途に思い込み、泣きながらそこから逃げ出したのである。私には「泣く泣く辛抱しいしいに坐っとりましたら」という「辛抱」が出来なかったのである。「御神恩に報いる」という生き方を放棄し、逃避したのである。まさに敗残兵、敵前逃亡兵の思いが、己を責めたてる。

内心忸怩たる思いを抱きながらも、その後、いろいろと人生経験を重ねるなかで、再び、神様から呼び戻され、「御神恩」に目覚め改悟しつつある今日、若き日のあの時のことを思い出す度に、神様と両親、御信者さん達への申し訳なさ、相済まなさに心が疼くのを禁じえないのである。

他職に従事するなかで、いつかは、いつかはもう一度、お広前の片隅でもよい、何とかして御信者さん達が助かり立ち行く御取次の御用に役立たしめ給え、と祈願しつつも、はや九十才の坂を越えて来てしまった。

頭はボケ、耳も遠くなり、目もかすみ、足もヨロヨロ。その頃の熱願は、今なお生き生きとしているのであるが、その実現は無残にも段々と色あせつつある。

加齢とともに、心身の衰えは否定すべくもない。それでも、この現実を踏まえ、私なりにさせてもらうべき、そしてさせてもらわなければならない「御神恩を知り、御神恩に報い」奉る生き方はないものかと、暗中模索している昨今なのである。

このような現実の中で、私がさせて頂かなくてはならない精一杯のことは、日夜、御神前に額づき、御礼の眞を捧げ尽くし、そして、難儀な人々の助かり立ち行きを、命の果てるまで懸命に御祈念させて頂かなくてはならないということ。さらには、生神金光大神様の御信心、その内実を、私なりに何とかして少しでも解き明かすお役に立たせて頂かなくてはならない、ということ。これこそが、私の「御神恩を知り、御神恩に報いる」生き方ではなかろうか、と思念しているところです。

現在、世界は「人間のように答えるＡＩ」(チャットＧＰＴ)に踊らされつつある。この対話型ＡＩ（チャットＧＰＴ）は、自然言語処理技術を使用して、人間のように文章を作成し、対話をすることを可能ならしめている。対話相手の発言に対応する自然な返答、文章の作成、翻訳、要約、文章の分類を可能とし、音声認識、そしていろいろな生成の分野においてもますます進化しつつあります。医療、医薬、そして法律、金融、教育などの分野でも、一定の役割を果たしつつあります。

このような「チャットＧＰＴ」に対して、開発の停止、データ集中と監視によるプライバシーの侵害の見地から、利用の規制の動きも出てきております。「チャットGPT」が人間そのものを支配し従属せしめることへの危機感の現れなのです。

だがしかし、いくら高度に発達した「チャットGPT」といえども、人間の「御神恩を知り、御神恩に報いる」という信仰理念、信仰真髄を理解し、それに対する的確な返答をなしうるものでは決してありません。

人間の信仰心、そして人間と神との相互的照応的「信仰」関係を、決して理解しうるものではありません。

いくら高度に発達した「チャットGPT」が逆立ちしても、人間の「信仰」の世界には足を踏み込むことはできないのです。

「御神恩を知り、御神恩に報い」奉る信仰の世界こそが、「チャットGPT」が及びもつかぬ神から授けられた、そして神とともにある人間ならではの有難さ、神から与えられた人間の神心、神性、崇高性そして和賀心が存在するのではないかと存念しております。

「御神恩を知る」ためには、己の真の姿こそは神様から「生かされている」という徹底的な覚醒、目覚め、改悟がなければなりません。そのための厳粛、過酷な人生経験が必要なのかもしれません。長く若しく暗い己との真摯な闘い、葛藤が必要なのかもしれません。

私など、泣きながらでも「辛抱しいしいに」座り切ることなど、到底不可能であったわけです。ましてや「有難うて有難うて、なんぼう御礼申しても足りませんのじゃ」という「御神恩を知る」御心境など、夢のまた夢なのです。

私はこの「御神恩を知る」ということが、まず第一の信仰の重要な要諦、最奥儀であると理解しています。しかし、問題は信心がここで停滞してしまっては次の信仰の第二ステップには踏み込めないのではないでしょうか。その次のステップは、すなわち「御神恩に報いる」ということです。

「御神恩を知る」ということと、「御神恩に報いる」という二つの信仰内実は、正比例の関係にあるといってよいでしょう。前者が高度化し、深化すればするほど、後者もそれに比例して高度化し、深化するものであり、また今度は逆に、後者の高度化・深化によって、前者が高度化し、深化するという、相互的に共鳴し合い、共働し合う信仰的「関係」の進展作用が「御神恩を知り、御神恩に報いる」ということの信仰的運動なのです。そして、この運動によって「御神恩を知る」ということの信仰的中身としての神様のおかげに御礼を申し上げるということと、「御神恩に報いる」ということの信仰的中身としての全世界の難儀な氏子の救い助かりのお役に立つということが相互的に高度化し、深化し、進展するということではないでしょうか。また、そうでなければ、真の信仰、信仰の重要な要諦、最奥儀とは論定しえないということです。

「御神恩を知る」ということは、真に神様が有難いという御礼の心が、自ら噴出し、現出するということに他なりません。そしてまた、「御神恩を知る」ということが欠落しているとするならば、次の段階の難儀な氏子の救い助かりの御用に役立たしめ給えという、「御神恩に報いる」という、信仰内実の真髄・奥儀・本質へと連繋し、発展していかないのです。

「御神恩を知」れば知るほど、それは「御神恩に報い」奉る、という尊い働きが、自ら出現してくるというものではないでしょうか。

「御神恩を知る」ということは、己の実存が、神の御恩によって「生かされ」、その「御神恩」に目覚め、改悟し、徹底的に神様に御礼申し上げることができはじめる、ということでありましょう。

そして、「御神恩に報いる」ということは、神の大願であるところの、全世界の全ての難儀な氏子の救い助かりの御用に身命を捧げ尽くすということでありましょう。

「辛うて辛うてよう泣きましたがなぁ」という信心辛抱の積徳の中から、「有難うて有難うてなんぼう御礼を申しても足りませんのじゃ」という三代金光様の御信心こそが、まさに「御神恩を知り、御神恩に報いる」という、尊くも有難い七十年の長きにわたる、三代金光様の御結界取次の御生涯ではなかったのではないでしょうか。

教祖様をはじめ、歴代金光様と同様に、三代金光様の血の滲むような尊い御神勤があったればこそ、全世界の難儀な氏子が救い助けられる生神金光大神御取次の神業が全世界に大きく広く展開され、花開き結実しつつあることに、真心より深謝し、神習わさせて頂かなくてはならないものと、覚悟し、祈念せしめられている次第である。

令和五年四月十二日　記

故　相賀正実先生を偲びて

私が相賀正実先生を存じ上げたのは、平成二十一年十二月、金光教東京寮創立百年誌『笈を負う覚悟―綱領の精神―』への寄稿依頼の御手紙を受け取ったときではなかったかと思います。

　ご送付頂いた分厚くズッシリと重いその記念誌を手にし、読了した時、これは大変有難くも貴重な御本であると感銘し、感動もいたしました。先生はこの膨大な記念誌の編集責任者として、資料収集、編集、出版など、そのご苦労は並大抵のものではなかったのではなかろうかと拝察し、感謝いたしておりました。

　その後、拙書『あさの雫』を御送付申し上げるなど致しておりましたが、先生とお会いする機会にもなかなか恵まれず、私が最後に先生とお会いしたのは、確か令和元年六月に開催された第五十八回金光教教学研究会での席上の事だったと思います。研究会終了後、学生会ＯＢ会会長の倉田東一郎氏と三人で会場前の喫茶店でコーヒーを飲みながら、いろいろと談笑したことが昨日のことのように今でも懐かしく偲ばれます。

　その頃にはまだまだお元気の御様子で、夕方激しい雨の中、先生の運転で倉田氏と二人を金光駅まで送っていただきました。

先生の訃報を、「金光新聞」で知り、愕然といたしました。先生ほど学生会ＯＢ会のために病魔に冒されながらもその身命を擲って御奔走下さり、御尽瘁下さった方を私は知りません。誠に口惜しく、哀惜の情に堪えられません。

今はもう、唯、先生の御功績を偲び、哀悼の真を捧げるばかりです。

拙書『見えざる御手に導かれて ―生かされて 救われて―』の出版への打診も先生からの御電話でした。先生の細やかな御心遣い、御高配なくしては、この拙著の上梓も日の目を見ることはなかったものと存念いたしております。

相賀先生、どうぞこれからも、金光教学生会発展のため、御霊神として、お導き下さいますよう衷心よりお願い申し上げます。

先生どうも有難うございました。心より御礼申し上げます。

令和五年（二〇二三）四月十日　記

著者略歴

姫野　教善（ひめの　のりよし）

一九三二年　山口県厚狭に生まれる。
一九五二年　金光教教師拝命。
一九六三年　立教大学大学院経済学研究科博士課程三年修了
（単位取得済）。
一九六五年　龍谷大学経済学部専任講師。
一九八八年　大学院設置審議会において、大学院㊟教授認定。
一九八九年　北九州大学大学院経済学研究科教授。
一九九八年　北九州大学（現北九州市立大学）名誉教授。
二〇一二年　叙勲（瑞宝中綬章）

その他
○米国カリフォルニア大学（ＵＣＬＡ）留学
○中国北京・大連で客員教授（「日本経済論」を講義）
○大学院経済学研究科科長、大学評議員

○学位　経済学博士

著書（単著）
㈠『恐慌論の研究』
㈡『資本論と現代資本主義論』
㈢『スタグフレーション論の研究』

（共著）
㈠『経済学通論』
㈡『マルクス経済学の基礎知識』
㈢『経済学辞典』
㈣『資本論解説Ⅰ』

その他　論文八十本

これ以外に金光教教学研究会において発表させていただいた拙論を、順次、出版したものとして次のようなものがあります。

『あさの雫』㈠、続、㈢、㈣

俳句

私は、拙著『続　あさの雫』(令和二年十月十日刊)の余滴として、俳句を掲載させて頂きました。

その「はじめに」、私は次のように記しております。

「私には、句作の趣味もその素養も才能も全くございません。短歌や俳句の書も読んだこともなく、それについての知識も作法も全く持ち合わせておりません。唯、家内が亡くなってから(平成三十年一月二十一日帰幽、享年七十六才九ヶ月)、家内に対する思慕と哀惜の想いが私の内面より湧出するまま、唯々、心に浮かぶままに、亡き妻を偲んで、百句ばかり詠んでみました」と。

このことを契機として、その後、『あさの雫㊂』(令和四年三月一日刊)、『あさの雫㊃』(令和四年十二月三十一日刊)にも同様に愚作を掲載しております。

心に浮かぶままの家内への哀しみといとおしみの想いを詠んだということが、

その後、折々の句として今日まで続いているわけです。

今もって、句作の勉強はしておりません。全くの自己流です。依然として唯々、心に浮かぶまま、感じるままに詠んだだけなのです。それは、最早私自身の慰めでもあり、生活の一部となっております。

俳句とも川柳ともつかぬ、全くの稚拙な代物で、人様に披露できるようなものでないことは重々承知の上であり、そして、ここに掲載することにはふさわしくないとも思いましたが、何卒、御許し頂きたいと思います。御笑覧下されば幸甚この上なき事と存じます。

(句の掲載順序は、徒然なるまま思い出すままに行ったり来たり)

卒寿過ぎ辿るわが道雪の中　いとおしや 春夏秋冬わが命
毀誉褒貶解けて流るる淡雪や　故郷や兎も小鮒も夢の中
春の宵幼き日の夢まどろみて　雀らやパン屑つつきて春光る

重かりし脱ぎしコートや春の風
青春や独り抱きて疼く恋
城跡や花散り敷きて人も無き
旅立ちや思い出語る証書かな
平安や曲水の宴梅開き
梅つぼみいまだ鳴かずや初音かな
名残り雪想い出尽きまじ君偲ぶ
わが心なぜ騒ぐらむ秋月夜
水ぬるみボートに跳ねる鯉の色
杖つきて春の陽ざしの散歩かな
天地やめぐる命の春息吹き
立ち尽す深山の桜咲きほこり
一片の花びら舞いて手の平に

深山なる心奪し桜花《さくらばな》
かがり火に光る利鎌のめかり祭
潮騒や揺れるわかめに雪とける
雪しんしん灯《あかり》がひとつしんしんしん
布団干し春の陽ざしの匂いかな
ベランダで休む燕や巣立ちかな
ホロ酔いて桜花《おうか》の中から月見かな
死なんかな舞い散る桜花に埋もれて
母の日や思い出すたび肩ふるえ
背なが泣く卒寿迎えし母の日や
なぜかしら涙がポロリ墓前菊
輝きて真珠のような朝の露
鬼ヤンマスズメバチ喰わえ落ちにけり

憂きことも酒に流して年忘れ
湧き出ずる老いし心や春点《とも》る
何さわぐ老いし心に春の風
ひたひたと潮満ち来たり春生まる
もう一度咲かせて見せじ枯尾花
磯の香や砕けし岩の春飛沫《しぶき》
春惜しむ桜吹雪に立ちつくし
天地や春の足音ひたひたと
新生や天地一変春萌えて
涼風や星降る夜の渚かな
またたきぬ夏の星空ひとの世の
はかなさや一夜の宴ホタル舟
天心や星くずきらめく夏大河

天の河渡りて逢瀬星の恋
点滅す源氏ホタルの幻想や
春光や生まれし星の涙かな
春遠雷わが魂や鳴動す
郷愁や草笛かすか秋の風
桜花《おうか》散るいざ帰りなむ神のみ元に
起き出だし独り手酌の秋の月
静まれかしわが魂の春嵐
春愁や菜の花匂いて月おぼろ
春行きぬ人の世の常泡沫《うたかた》の
泣きて泣きて御前にひれ伏す蝉しぐれ
風雪や耐えて芽吹きぬ猫柳
春夏秋冬天地のなかのわが命

感無量卒寿越え来し峰の秋
ランドセル麦笛吹きて肩組みて
卒寿かな風雪耐えし神めぐみ
咲き初むる孫文蓮花朝の露
人恋し卒寿の坂や月見草
雉一声響く野面に秋深し
半夏生命ありなむ賜りて
宙返る青田のなかの燕かな
棚田から遙かにかすむ漁火《いさりび》や
骨折や大地踏ましむ春一番
われ先きに口一杯の雛燕
命懸け奪い合う餌雛燕
ああ至福ソウメン啜りて昼寝かな

届けかし平和の願い七夕や
人はみな星となるらむ天の河
今日も行く独り旅路の萩の花
秋深し今日も生かしむ天地《あめつち》や
風鈴や軒端に揺れて夢誘う
神はからいみ心のままに春の風
白き雲行方も知れず卒寿坂
暁春や生かされて今祈りなむ
祈りなむ命の限り秋一夜《ひとよ》
御礼や一秒一歩春大地
刻々の秋生かされてまた救われて
我が命天地の刻み秋過ぎし
爆弾や焼かれて逃げて終戦日

平和なりいとおし命夏静か
戦争よ消えて無くなれ夏祭り
夏雲や過ぎ去りし日々少年の
呑みこみて喜怒哀楽や瀬戸の渦
花散るも真一心捧ぐらむ
賜りし九十路の夏や明初むる
蝉しぐれ命を懸けて祈らばや
笙太鼓神の音色や春霊祭
春風や磯の香沁み込む地曳網
陽炎《かげろう》や燃え立つ白浜波しずか
夏陽落つ打ち寄す波の風涼し
盛夏なり九十一年生《あ》れ出でて
生ましむる神はからいや夏の宵

奮い立て花生け茶を点《た》て布団干し
緑陰や響く瀬音の昼寝かな
新緑や手足の先が深呼吸
若葉萌ゆ大地ひれ伏し果てるまで
さし昇る地平線より夏来たる
桜花舞ふ風のまにまのワルツかな
離れては集まり流る花筏
遥ばると九十路の峰の茜雲
救われし九十路に咲くやスミレ草
逝きし妻会いたく思ふ春彼岸
星祭り賜びし命礼《いや》び奉り
生かさるる九十一や夏銀河
青棚田地球が円し地平線

さし昇るきらめく海の波涼し
今日もまた熱き陽ざしや夏を呼ぶ
原爆忌地球破滅の天の声
祈り込め燈籠流し安らかに
燈籠や川面を流る人魂《ひとだま》か
生《あ》れ出でて九十一の百日紅《さるすべり》
立秋やいまだたぎるか地獄釜
あわてるな夏風邪さわぐコロナかと
九十路来て記憶抜け落つ蝉の殻
帰りたし十五の心春の空
春大地歩ましめ給うこの一歩
蝉しぐれ死なずにすんだ敗戦日
デイゴ咲く万骨眠る島かなし

平和なれ熱き祈りや星祭り
干天慈雨蛙も踊る夕立や
甲子園燃ゆる熱闘青春の
青春の刻もありしか夏の夢
縁先や酒酌み交わす名月と
名月や影が尾を曳く九十路かな
春宵一刻いまここにあるわが命
梅薫る神が恵みの命生く
隠るるな我が道照らせ名月や
われ独り友みないずこ天の河
正月やじっと顔見る幸せか
除夜の鐘命しみこむ祈りかな
生かされて命ある限り秋の暮

九十路来て風のまにまのヘチマかな
秋彼岸母の名呼びて涙する
名月や虫の音しみいるコンサート
祈りなむ秋の夜長の虫の声
泣き通し祈り通しし秋夜長
九十一やまだ迷えつる雪しぐれ
デイゴかな若き血潮の花の色

あとがき

この拙著は、この本の「はじめに」にも一寸触れましたように、「あさの雫㈢」の「はじめに」を主体とし、それに幼少の頃から高校生の頃まで、神様から救い助けられた四つの誠に不思議な物語を追加増補したものです。

これは、ご一読下さればお分りのように、私自身どうしてこのようなことが起ったのであろうかと思えるほどの奇跡的おかげを、私の子供達二人が読み、神様そして信仰のすばらしさ、その有難さに目覚め、信仰の道に入ってくれることを切願してのことです。

二人の子供達が、ああ、信心させて頂いて良かった、と後々、心底、御礼と喜びの湧き出ずるばかりの信仰生活、信心の成長・出現への想いが、張り裂けんばかりの熱願として、私をして、この「はじめに」を書かしめた理由なのです。

したがって、ここでは、生神金光大神の信仰内実の理論的分析は一切書かれてはおりません。

　生神金光大神の信仰内実の理論的分析は、「あさの雫㈢」では、第六十一回教学研究会での発表予定であった、「生神金光大神の〝生まれ変り〟と〝百日修行〟の信仰的意義」と、第六十二回教学研究会での発表「金神と金神信仰」において、その拙論を展開しております。

　私は、長年、金光教教学研究所の嘱託として、生神金光大神の信仰内実の理論的究明を試み、その論稿を有難いことに研究会で発表させて頂くことができました。それを『あさの雫』、『続　あさの雫』、『あさの雫㈢』、『あさの雫㈣』としてまとめ、出版することにしたわけです。

　この四冊の生神金光大神の信仰内実の理論的論究の拙稿を御高覧下されば、私が、どのような方法論、どのような視座からこの研究を進めて来たのかという一端が、御理解頂けるものと存じます。

　以上のような理由によって、本書は、直接的に生神金光大神の信仰内実の理論的論究を目的として執筆したものではなく、それは『あさの雫㈢』のあくまでも「はじめに」に過ぎないのです。

　それは、子供達二人のために、このお道の信仰なしには、決して私の命そのものが存在し存続しえなかった、ということ。一旦は、数え切れないおかげのなかに生かされ、救われていながらも、その広大無辺な御神恩を忘却し、神様から離れ、そして信仰からも遠く飛び去ろうとしていた私が、なぜ、再び、以前よりもより一層、神を離れては私自身そのものが、命そのものが存在しえないことに覚醒し存念し、改めて固く神を信じ、信仰に回帰せしめられたその理由、神から呼び戻され、その有難さ、信仰のすばらしさに心身の震える御礼の日々を暮させて頂いている今日のその理由、それが、一体、何なのか、ということを理解して欲しいということ、そして、いつまで経っても、御礼の足りなさをお詫びするばかりの無信心者の私を、神様は決してお見捨てにならず、いつも温かく包み優しく見守って下さっている、この神様と信仰の有難さ、尊さを子供達が理解し、同様の思いを味わい、真の幸せとは何か、ということを分かって欲しいという懇願こそが、この本（そして『あさの雫㈢』の「はじめに」）の主眼であり、また、この本を書かしめた理由なのです。

本書の出版にお言葉をおかけ下さり、御健康不十分で御静養中にもかかわらず、この出版のために御奔走下さり、御心労を煩わせました相賀正実先生には、相済まなくも有り難く衷心より深謝いたしております。

実は、相賀先生からは『あさの雫㈢』の「はじめ」をもう少し膨らませる内容として、私と父との関係、その深層心理についてもう少し詳しく書いて欲しいという要望がありました。

しかし、私はこれをお断りしました。

その理由は、そこの処を書く自信が、私にはなかったからです。下手をすれば父親に対する悪口になりかねず、また、単なる父の家庭内暴力としか理解されかねない、ということを恐れたからです。さらに、その最大の理由は、子供なりに、父の恥を晒すことに忍び難いものがあったということです。父の名誉を子供なりに護りたかったからかもしれません。

以前、ある教会の教会長が、「姫野先生は、大変厳しい方だと聞いておりますが、その実情をお聞かせくださいませんでしょうか」と尋ねられ、最初は曖昧な返事をしておりましたが、あまり聞かれるものですから、少しばかりお話をしかけたところ、「ああ、それは家庭内暴力ですね」と、一言のもとに切り捨てられたことがありました。ああ、この人にはこれ以上の理解は無理なのかなとも思いました。

確かに現在では、父の行為は、まさに常軌を逸した驚くべき家庭内暴力であり、とっくの昔に官憲によって逮捕され、私達家族は父から隔離され保護されていたかもしれない、という状況にあったことは間違いないでしょう。

だがしかし、昔は今と違って、学校でも軍隊でも、家庭内でも、暴力が通常であり、社会もそれを認めてきたところがありました。父も暴力による躾が教育であり、愛情表現の一つであると勘違いしているところがありました。また、私達家族にあたり散らす父には、父なりの欲求不満が多々あったように思えるのです。

父と私との間には、私の方は、父に対する一方的な恐怖心と憎しみの感情がありました。私の心は父の行為によってズタズタに引き裂かれ、深く傷付いていたのです。しかし、それだけではありません。父に対するいささかの愛情もあったのです。目には見えませんでしたが、、父には、私に対する深い深い愛情があったように思えるのです。さらにさらに重要なことは、父の気違いじみた家庭内暴力から身を挺して私達を護り通した強い母の愛情があったということです。この母の深く大きな愛情がなければ、俺達二人は、とっくの昔にグレて、不良の道を歩んでいたよな、と泣き笑いながら弟とよく語り合ったものでした。私は母親のことを思い出すと嗚咽が止まらなくなるのです。

私は、父に対する恐怖心と憎しみと同時に、父の深い祈りによって救い助けられてきているという感謝の気持もありました。この恐怖心と憎しみ。そしてそれに対する父への愛と、父の深く厚い祈りによる救い助かりへの感謝の気持との相克・葛藤という、何十年にもわたる幾重にも折り畳まれ、屈折し、積み重ねられた無数の心のヒダを誤解されることなく、読まれる人に正確に理解してもらえるだけの文章力を、私は持ち合わせておりません。

だから、私は、私の下手な表現力で、父と私との幾重にも折り畳まれ、複雑に入り組み、曲がりくねり折れ曲がった心の迷路、心のヒダを、一片の平面的・表面的な理解によって、これは単なる家庭内暴力ではないかと誤解されること、父への単なる悪口ではないか、と誤解されることを恐れたからなのです。

父が、私へ懸けてくれた深く厚い祈り、そしてそれによる救い助かりへの感謝・御礼の心がやっと今になって理解され、それは、私が年を重ねる毎に深くなっていくのです。私が、現在、このように広大なおかげを頂いている基は、父と母の信仰にあるのです。

なぜ、ここまで、私が救い助けられてきているか、という思念のなかには、父とそしてそれ以上の母の私への愛情と信仰が、このおかげの源泉にほかならないという想いが強く存在しているのです。

そしてそれ以上に、私自身の中に、このような私が、どうして神様から、かくも愛されているのだろうか、という不思議な想いがあります。あえて言うならば、それは、次のようなことが因子ではなかろうか、という想いです。それは異常とでも言える父の家庭内暴力、無理難題を渋々嫌々ながら、恐怖心によって、「ハイ、ハイ」と表面上、誠に素直に泣きながら実行してきたということ、そして、朝夕家族とともに、お広前にて御祈念をさせて頂いてきたということ、これらのことを神様が哀れとみそなわし給い、神様が可愛がって下さったのではなかろうか。これらのことが、今日の私の救い助かりのおかげへと芽吹き連なっている、と思えて仕方がないのです。

最後に、金光教全国学生会ＯＢ会会長の倉田東一郎氏にも、本拙著出版につき、ご高配を頂いておりますこと。さらには、福嶋義次先生には「巻頭言」を、そして、事務局岩尾様には「編集後記」を御寄稿頂きましたこと、誠に勿体なくも有難く御礼の言葉もございません。唯々深謝するばかりでございます。また、友野印刷様には、当方の無理な注文にも心よく対応され、読みづらい原稿を印字して下さり製本、出版など、いろいろとご配慮頂きましたことに対して、ここに心より厚く御礼申し上げます。本当に有難うございました。

令和四年（二〇二二）八月八日（九〇才の誕生日）記

編集後記

二年に一度の刊行となって三号目の「みち」シリーズ⑬が無事刊行されました。姫野先生には大変ご苦労をお掛けし、ご高齢の身でありながら執筆頂きました。誠にありがたいことでございます。

先生のお若い頃からの信心の取り組みやご尊父様との関係など赤裸々に語られ、それぞれの時代の生活の中で送られてきた思いを著わして頂きました。また、使用した字句および表現は先生の原文をできるだけ生かした表現を残させて頂きました。

さて、次号の執筆をお願いする方の募集も行っております。元金光教全国学生会のメンバーだった教会で御用下さっておられる教師の方や、一般社会でご活躍になられておられますご信者の方々に、現代社会に対してまたは若者世代に対して伝えていきたいご経験、信念、信心、感謝の気持ちを率直に著して頂ける方を探しています。自薦、他薦を問いませんので、是非ご連絡を頂ければと存じます。

最後に初号から前号まで、および本書の着手当初には相賀先生に執筆依頼から編集、校正に至るまでご苦労をお掛けしたこと、体調にご負担をお掛けしていたであろう事、今更ながら慚愧に堪えません。どうか御霊様の安らかならんことをお祈り申しあげます。

金光教全国学生会OB会　事務局　岩尾真二

「みち」シリーズ⑬
見えざる御手に導かれて
―生かされて　救われて―

令和五年十二月十日

著　者　姫　野　教　善
編　集　金光教全国学生会ＯＢ会
発行所　ふくろう出版
印　刷　友野印刷株式会社

ISBN978-4-86186-894-8 C0014 Printed in Japan